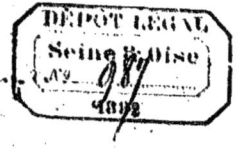

LA

VERTU DE LA BARONNE

CALMANN LÉVY, ÉDITEUR

DU MÊME AUTEUR

PETIT BOB.. . . . . 1 vol.

IMPRIMERIE D. BARDIN ET Cie, A SAINT-GERMAIN

LA VERTU

DE

LA BARONNE

PAR

GYP

CINQUIÈME ÉDITION

PARIS

CALMANN LÉVY, ÉDITEUR

ANCIENNE MAISON MICHEL LÉVY FRÈRES

3, RUE AUBER, 3

1883

Droits de reproduction et de traduction réservés

LA VERTU DE LA BARONNE

I

Neuf heures du matin. Dans une allée reculée du parc se promène la baronne. Elle tient un livre qu'elle ne lit pas. Trente-cinq ans, cheveux noirs, yeux bleus, taille admirable, beauté éblouissante.

LA BARONNE, *seule*. — Il est charmant le marquis !... bien mieux que Georges !... et même mieux que Pierre... Certainement Georges a du bon... il est très beau garçon d'abord... pas si beau que Jacques pourtant... et puis il m'aime tant... mais le marquis est libre comme l'air... et l'autre avec sa carrière... il m'assomme... Qu'est-ce que ça me fait à moi, sa carrière ?... Pourvu qu'il ne se doute de rien !... Ni les autres non plus... et mon mari qui va arriver . Il est vrai que ce n'est pas lui qui me gêne, et si je puis manœuvrer les trois autres sans qu'ils se méfient...

Paraît le marquis, également un livre à la main. Grand, mince, très élégant. Trente ans.

La baronne, *s'arrêtant brusquement.* — Ah ! vous m'avez fait peur...

Le marquis. — Me pardonnerez-vous ?

La baronne. — Nous verrons. Que faites-vous dans cette allée éloignée ?

Le marquis. — Et vous ?

La baronne. — Moi, j'apprends mon rôle...

Le marquis. — Moi aussi.

La baronne. — Oh ! le vôtre n'est pas long !

Le marquis. — Il l'est suffisamment pour me crisper ! Ah ! si ce n'était pas pour jouer avec vous, il y a beau temps que j'aurais envoyé tout promener.

La baronne, *railleuse.* — Allons donc ! Est-ce qu'on pourrait se passer de vous ?

Le marquis, *s'arrêtant.* — Sérieusement, me croyez-vous capable de remplir, à un moment donné... un rôle... quelconque ?

La baronne, *s'arrêtant aussi.* — Ça dépend quel rôle ?...

Le marquis. — Un rôle... important.

La baronne. — Et où ça ?

Le marquis. — Dans votre vie.

La baronne. — Ah ! bah ! Par exemple ! si je m'attendais à...

Le marquis. — Permettez-moi, madame, de vous dire que vous vous attendiez parfaitement à cette demande indiscrète.

La baronne. — Moi ?

Le marquis. — Oui, vous ! Depuis huit jours que nous sommes ici, vous n'avez cessé de m'attirer à vous. Eh ! bien, soyez satisfaite, je suis fou, vous m'avez grisé de votre beauté, à laquelle personne ne résiste, vous le savez bien. Je n'ai vu que vous, désiré que vous, et... il faut que ça finisse !

La baronne. — Quoi ?

Le marquis. — Tout ! Je présume que vous ne m'avez pas mis dans l'état où je suis, sans en prévoir les conséquences, n'est-ce pas ? Eh ! bien, ce sont ces conséquences... que nous allons régler. Où ? et quand ?

La baronne. — Vous plaisantez, je suppose ?

Le marquis. — Oh ! pas du tout ; je vous assure que je n'en ai nulle envie. Vous m'avez affolé exprès, tant pis !

La baronne. — Nous reparlerons de cela à Paris.

Le marquis. — Non, pas à Paris ! ici et tout de suite...

LA BARONNE — Vous m'aimez donc bien ?

LE MARQUIS. — Pardon, je n'ai pas dit un mot
de ça.

LA BARONNE. — Comment ?

LE MARQUIS. — Vous employez les grands mots,
alors qu'ils sont absolument hors de saison. Je vous
trouve belle et tout à fait à mon gré, voilà tout.

LA BARONNE. — Et vous vous imaginez que ?...

LE MARQUIS. — Et je m'imagine que... sans
que cela ait rien d'invraisemblable ; ne vous
récriez donc pas ; je ne suis nullement naïf,
malheureusement ; je sais à quoi m'en tenir et je
parle ici en connaissance de cause.

LA BARONNE. — Monsieur !...

LE MARQUIS. — Laissez-moi donc finir. Je ne
serai ni difficile, ni exigeant. Non seulement je
n'ai pas la prétention d'être le premier comme
ce pauvre Georges, mais je n'ai pas non plus le
désir de devenir le seul... à la fois ! Je ne me reconnais pas à la hauteur de la situation, et je trouve
out naturel de faire partie d'un groupe.

LA BARONNE. — Monsieur, je vais...

LE MARQUIS. — Vous allez m'écouter bien gentiment, chère madame, c'est ce que vous avez de
mieux à faire. Comme je viens de vous le dire,
vous m'avez mis hors des gonds ; vous avez opéré
sciemment, froidement, savamment ; à présent, ce

qui est fait est fait ; je m'incline, je ne suis pas de taille à lutter avec vous, seulement je veux... la timbale. Vous me faites faire deux vilaines choses : trahir la confiance d'un brave garçon, que j'aime et qui vous adore, et badiner sous le toit de cette bonne duchesse, d'une façon absolument inconvenante.

LA BARONNE. — Vous pouvez rassurer votre conscience troublée, vous ne ferez ni l'un ni l'autre.

LE MARQUIS, *menaçant*. — Parce que... ?

LA BARONNE. — Parce que je ne veux pas.

LE MARQUIS. — Non ? Eh bien, moi, je vais tout raconter à la duchesse ; tout, entendez-vous ? Que vous avez donné chez elle rendez-vous à Georges, que vous y avez retrouvé Pierre, avec lequel vous avez recommencé comme au premier jour, que vous êtes avec moi très... provocante, pour être poli, tandis qu'en même temps, vous débauchez son petit-fils, Jacques, un enfant qui a encore du lait au bout du nez. Savez-vous ce qu'elle pensera, la duchesse ? Elle qui vous croit une vertu, qui vous cite à tort et à travers comme un modèle, et qui prétend qu'elle ne connaît pas une femme qui arrive à la cheville de sa « petite banquière », comme elle vous appelle.

LA BARONNE. — Vous êtes dur, brutal et méchant : comment donc faites-vous pour être adoré? car vous l'êtes, vous le savez bien.

LE MARQUIS. — Ce que je sais, chère madame, c'est que vous êtes une femme d'esprit.

LA BARONNE. — Hélas ! je le voudrais ! Je suis malheureusement une femme qui a un cœur duquel vous vous êtes emparé, et...

Le MARQUIS, *faisant une grimace*. — Oh ! ne parlons donc pas de ces choses-là !

Ils disparaissent dans l'allée.

A cheval, dans la forêt, Jacques et Colette, à fond de train.

JACQUES. — Vingt ans, paraît en avoir trente. Extrêmement beau, grand, fort, bâti en hercule, et malgré cela très grand air. Pieds et mains d'enfant. Beaucoup de race.

COLETTE. — Trente-deux ans, mignonne, fine, drôle, des yeux verts moqueurs, taille souple.

COLETTE, s'arrêtant. — Ouf! j'étouffe! Il y a vingt minutes que nous allons ce train-là.

JACQUES, s'arrêtant distraitement. — Ah! c'est bien possible!

COLETTE. — Tu as l'air tout chose? Voyons, Jacques, sois franc avec ta vieille cousine; dis-moi ce que tu as depuis quelques jours.

JACQUES. — Mais rien, je t'assure...

COLETTE. — Allons donc! tu ferais bien mieux de ne pas finasser avec moi. Je parie que tu as encore perdu et que tu n'oses pas demander d'argen à grand'mère.

JACQUES. — Je te jure que non.

COLETTE. — Tant mieux ! Alors tu es amoureux ?

JACQUES, *rouge comme un coq*. — Mais...

COLETTE. — Mais il n'y a pas de quoi rougir, c'est naturel ; c'est le contraire qui ne le serait pas. Donc, tu es amoureux, c'est bon, mais pourquoi cette mine allongée ?...

JACQUES. — Je suis bien malheureux, va, Colette !

COLETTE. — Tourné comme tu l'es, c'est invraisemblable !

JACQUES. — J'aime une femme placée sur un tel piédestal de vertu que...

COLETTE, *gaiement*. — Oh ! oh ! si monsieur débute par des « femmes du monde » ou soi-disant..., et vertueuses encore ?

JACQUES. — Oh ! ne ris pas, si tu savais ce que je souffre !

COLETTE. — Voyons, mon pauvre petit, il ne faut pas te chagriner pour ça, tu finiras par...

JACQUES. — Jamais ! c'est une sainte, vois-tu, tu ne peux pas comprendre ça !

COLETTE, *riant*. — Merci !

JACQUES. — Conseille-moi tout de même, Colette, veux-tu ?

COLETTE. — Par exemple ! que j'aide monsieur Jacques à faire tomber un ange ! où l'as tu connue cette... ce phénix ?

JACQUES. — A Valfleury.

COLETTE, *étonnée*. — A Valfleury, quand donc ?

JACQUES. — Maintenant.

COLETTE. — Mais il n'y a au château que ta sœur, moi et la baronne. C'est donc parmi les invités du voisinage que...

JACQUES, *très embarrassé*. — Mais non... tu viens de...

COLETTE, *pouffant*. — La baronne !!! c'est la baronne ! et moi qui n'ai pas deviné...

JACQUES, *vexé*. — Je ne vois pas qu'il y ait là rien de tellement bouffon...

COLETTE, *riant toujours*. — Pardon, Jacques ! non, vois-tu, c'est que c'est si drôle... Ah ! mon pauvre bonhomme, tu peux te rassurer, va, tu seras le plus heureux des mortels, dans ce cas, car on dit...

JACQUES, *vivement*. — Qu'est-ce qu'on dit ?

COLETTE. — Qu'elle est excessivement... agréable. Ecoute, Jacques je suis bien aise que tu m'aies choisie pour confidente ; je ne veux pas qu'on se moque de toi, sapristi ! mais je ne veux pas non plus que tu fasses des bêtises chez grand'-mère, et quand ta sœur...

JACQUES. — J'en suis bien là !!!! Je me demande si elle sait seulement que j'existe, cette admirable statue.

1.

COLETTE. — Tu es bébête ! Voyons, tu es, sans
te flatter, superbe, gentil, intelligent ; tu es duc,
très riche, et tu peux supposer que la baronne
hésiterait un seul instant à te faire entrer dans sa
collection ?...

JACQUES. — Quelle collection ?

COLETTE. — La collection de... de ce que tu
veux être...

JACQUES. —Tu te trompes sur la baronne. Grand'-
mère m'a dit qu'elle était irréprochable...

COLETTE. — Grand'mère le croit, parbleu ! sans
cela tu penses bien qu'elle ne l'inviterait pas à
Valfleury, surtout quand Ève est là ; mais grand'-
mère est, je présume, la seule à avoir cette opinion.

JACQUES. — Pourquoi ne la préviens-tu pas ?

COLETTE. — Mon cher enfant, ça ne me regarde
pas. La baronne se tient très bien à Valfleury, où
cependant elle partage ses faveurs entre Pierre et
M. de V... Le marquis sera bientôt en troisième,
mais très momentanément ; il aime ta sœur, et
n'a pour la baronne qu'un caprice, qui ne l'oc-
cupera même pas jusqu'à ce qu'Ève soit en âge
d'être mariée. Grand'mère aime beaucoup sa « jolie
banquière », comme elle dit ; elle trouve qu'elle
« orne », et elle n'a pas tort ; puis, elle adore les
allures prudes et dignes de la baronne qui excelle,

du reste, à jouer des grands airs. Tu vois que toi,
tu as donné là dedans aussi.

JACQUES. — Alors, tu crois que ?...

COLETTE. — J'en suis sûre ; quelle heure est-il ?

JACQUES. — Onze heures.

COLETTE. — Nous allons encore être en retard,
tu vas voir. (*Ils partent au galop.*)

III

AU BILLARD

GEORGES. — Vingt-huit ans, blond, élégant, distingué.
PIERRE. — Trente-cinq ans, joli garçon, se déplume légèrement, gai, très drôle; s'assomme à Valfleury, malgré la
présence de la baronne.

PIERRE, *étendu sur un des divans*. — C'est horrible cette chaleur ! Je ne sais pas ce qu'il peut y
avoir de degrés...

GEORGES, *assis sur un des coins du billard*. —
Il doit y en avoir beaucoup. (*Il va à la fenêtre.*)

PIERRE. — Quelle heure est-il ?

GEORGES. — Dix heures et demie.

PIERRE. — Si encore on pouvait dormir le matin, mais pas moyen ! le corridor est le centre de
toutes les conversations ; on crie, on piétine, on
court. Ce matin, tenez, je suis sûr qu'il n'était pas
huit heures, que déjà Ève appelait ses chiens.

GEORGES. — Il est certain que le corridor n'est pas
tranquille ; mademoiselle Ève se lève de très bonne

heure. Jacques aussi, mais ça, c'est à mon bout ;
votre bout est bien plus calme.

PIERRE. — Ah ! bien oui ! la petite Colette s'é-
veille en même temps que les poules, et elle est
ma voisine ! dès qu'elle est éveillée, Ève arrive
chez elle, et alors les pies sont muettes en comparaison.

GEORGES. — Mais les autres ?

PIERRE. — Les autres restaient en repos... autrefois, mais, depuis deux jours, la baronne et le
marquis se mettent aussi à remuer dès l'aurore...

GEORGES. — Comment ! la baronne ?

PIERRE. — Je parierais qu'elle est sortie ce matin
avant neuf heures ; et, un quart d'heure plus tard,
le marquis filait aussi... naturellement.

GEORGES, *tout pâle*. — Comment ! vous êtes sûr
que la baronne est sortie ce matin ?

PIERRE. — Ah ! mais, absolument.

GEORGES. — Elle m'a dit qu'elle ne descendait
jamais avant le déjeuner.

PIERRE. — Alors c'est qu'elle descend toujours !
telle est sa franchise !

GEORGES. — Vous n'aimez pas la baronne?

PIERRE. — Possible, mais je l'admire profondément. Restez-vous ici plusieurs jours ?

GEORGES. — Mais... ça dépendra...

PIERRE. — Bon, bon ! c'est que je cherche un

compagnon de route, quoique le trajet ne soit pas long.

GEORGES, *vivement*. — Vous partez ?

PIERRE. — On dirait que ça vous fait plaisir ?

GEORGES. — Oh ! pouvez-vous croire... ? Tenez pour être franc, je craignais que vous fussiez ic pour la baronne !

PIERRE, *riant*. — Pour elle ! Ah ! grand Dieu, non ! Je... profite de son séjour, comme les autres, mais je suis ici parce que je n'ai pu me dispenser d'accepter l'invitation de ma tante... Depuis trois ans, je voyageais toujours ; enfin, étant de retour, il a bien fallu me décider ; mais j'en ai assez !... Si vous saviez ce que je donnerais pour voir passer un fiacre ?... Est-ce qu'il y a des gens amusants ce soir ?

GEORGES. — Je ne sais pas.

PIERRE. — La petite voisine blonde me plaît ; voyez-vous, mon cher, si cette petite femme-là avait suffisamment d'argent, elle ferait parler d'elle. Vous me direz que, même, sans ça, elle ne va pas mal, mais enfin... (*Georges, qui regardait par la fenêtre, sort brusquement dans le jardin.*) Allons ! il n'est plus là !! (*Il se lève.*) Ah ! la baronne qui rentre avec le marquis !! Eh bien ? est-ce qu'il ne se douterait de rien ?... Gentil ce garçon, gentil, mais trop naïf ! Si nous ne finis-

sons pas par nous rencontrer tous, une fois ou
l'autre, ce sera de la veine !... Il est vrai que je
pars demain... oui, mais le petit Jacques prendra
ma place, et ça reviendra au même !

IV

DANS LA SALLE D'ÉTUDE

LES ENFANTS. — L'ABBÉ.

HUBERT. — Je l'dirai à mon oncle Jacques, va, q'tous les jours, quand il est à cheval avec maman, tu descends tripoter ses fusils !

GUY, *menaçant.* — Si tu l'dis ?...

HUBERT. — Si je l'dis ?

GUY. — Eh ben ! si tu l'dis ... je n'te dis q'ça !

L'ABBÉ. — Il est donc impossible d'obtenir un instant de silence ?

GUY. — M'sieu l'abbé, c'est Hubert qui veut moucharder.

L'ABBÉ. — Je vous ai déjà prié de parler français.

GUY. — Moucharder est français, m'sieu l'abbé; tenez, cherchez plutôt. (*Il lui lance violemment le dictionnaire.*)

L'ABBÉ. — Vous me ferez trois thèmes allemands au lieu de jouer après dîner.

HUBERT. — C'est vrai, al'ez, m'sieu l'abbé, qu'il est allé tripoter les fusils de m'n'oncle ! les beaux anglais, qui sont dans une boîte, qu'on dirait un p'tit cercueil.

GUY. — C'est pas vrai.

HUBERT. — J'parie q'tes doigts sentent l'huile avec quoi qu'on les graisse ! Mets un peu tes doigts sous l'nez de m'sieu l'abbé, j'parie q't'oses pas ?...

L'abbé, énervé, se lève et sort.

GUY. —Si tu veux ne rien dire à m'n'oncle, moi j'te raconterai quelque chose.

HUBERT. — Quoi ?

GUY. — Ta parole , q'tu diras rien ?

HUBERT. — C'est une farce pour m'faire donner ma parole ?

GUY, *très digne*. — Comme tu voudras, alors !

HUBERT, *curieux*. — Eh ben ! j'dirai rien, là.

GUY. —Hier soir, au lieu d'faire ma punition à l'heure où j'devais, après l'dîner, comme ce soir, je m'suis couché en même temps q'toi.

HUBERT. — Si c'est pour me raconter ça...

GUY. — Attends donc, tu vas voir... A deux heures, il faisait si chaud, q'j'étais éveillé ; alors j'ai pensé qu'il valait mieux faire mon pensum et m'recoucher après, je m'suis levé...

HUBERT, *incrédule*. — Sans que j't'entende ?

GUY. — Si tu m'interromps tout le temps, l'abbé

va revenir et j'aurai pas fini ; alors, en passant au haut d'l'escalier, pour aller à la salle d'études, j'ai entendu marcher en bas ; alors j'ai regardé, et j'ai vu l'oncle Pierre avec son petit veston d'flanell qui entrait tout doucement chez la baronne.

HUBERT. — Il avait un bougeoir ?

GUY. — Il avait un bougeoir. Mais c'est pas l'tout : quand j'ai eu fini, il faisait presque jour, parce que l'devoir était long, et puis, j'crois q'j'avais un peu dormi. On a encore marché en bas, j'ai encore regardé, c'était quelqu'un qui sortait de d'chez la baronne. Eh ben, c'était pas l'onele Pierre !

HUBERT, *simplement*. — Naturellement ; qu'est-ce qu'il aurait pu y faire tout c'temps-là ?

GUY, *réfléchissant*. — C'est vrai. C'était M. Georges. Eh ben, pourquoi va-t-on comme ça chez la baronne la nuit ?

HUBERT. — Dame ! j'sais pas, elle est p't-être malade ?

GUY. — Faut-y l'dire à bonne maman, q'tu crois ?

HUBERT. — Tais toi donc ! V'là m'sieu l'abbé.

V

DANS LA CHAMBRE DE LA DUCHESSE

ÈVE. — Seize ans, extrêmement belle, blonde, presque rousse, teint éclatant, yeux violets, très grande, taille de déesse, pieds grands comme des biscuits.

LA DUCHESSE. — Soixante-dix ans. A été très belle.

LA DUCHESSE. — Vraiment, tu devrais quitter ces allures de gamin...

ÈVE, *suppliante*. — Grand'mère, je n'ai pas des allures de gamin ; je suis gaie, je ne suis pas en dedans, c'est vrai, mais y a-t-il donc du mal à ça ?

LA DUCHESSE. — Du mal ? du mal ?... Eh non ! mais tu as seize ans et tu en parais vingt physiquement. Comment veux-tu que personne songe à épouser une enfant qui passe sa journée à monter à cheval, à ramer, à faire de la gymnastique, sans parler de vos nouvelles inventions de polo, de

cricket... de lawn-tennis, est-ce que je sais, moi?
enfin tous vos jeux anglais, qui font qu'à présent
on ne peut plus mettre le pied dans le parc, sans
marcher dans un machin quelconque... glaise,
filet tendu, ou trappe... Ah! c'est du temps joliment employé!

Ève, *câline*. — Grondez pas, grand'mère, ça
nous amuse tant! Et puis, je ne fais pas que ça, je
peins...

La duchesse. — Ah! parlons-en! tu peins pas
mal, ça, c'est vrai, mais de « tout », même des aca-
démies!... De mon temps, jamais une jeune fille
ne se serait permis...

Ève. — Aussi, grand'mère, de votre temps, on
ne faisait que des petites cochonneries... en fait
d'art, s'entend... Les gens du monde se seraient
crus déshonorés de travailler sérieusement. L'in-
fériorité de l'œuvre affirmait la supériorité sociale;
à présent tout est changé.

La duchesse. — C'est ça, voilà que tu parles
comme ton frère.

Ève. — Et puis, grand'mère, je lis aussi et beaucoup...

La duchesse. — Beaucoup trop.

Ève. — Pourquoi?

La duchesse. — Parce que tu lis à tort et à
travers, un tas de choses...

ÈVE. — Enfin, que voulez-vous que je change en moi, dites, grand'mère ?

LA DUCHESSE. — Rien et tout. Par exemple, tes allures évaporées. Regarde l'attitude de la baronne; Voilà une vraie femme! Elle ne joue pas au lawn-tennis, celle-là; elle ne rame pas comme un passeur...

ÈVE. — Parce qu'elle craint les ampoules, et que le lawn-tennis, par la chaleur qu'il fait, exige un teint... nature... Allez, grand'mère, je ne suis pas belle comme la baronne, moi..., et...

LA DUCHESSE, *vivement*. — Tu le seras tout autant, tu l'es déjà; c'est uniquement la *tenue* de la baronne que j'envie pour toi; ton physique vaut le sien, tu as même en plus la race qui lui manque.

ÈVE. — Grand'mère, qu'a-t-elle donc de si remarquable la *tenue* de la baronne ?

LA DUCHESSE. — Elle est modeste, malgré sa beauté, réservée, décente. Ce n'est pas elle qui s'en va rire ou causer, réunissant ensemble autour d'elle tous les hommes qui sont dans le salon...

ÈVE, *entre ses dents*. — Non, elle les réunit sé-parément...

LA DUCHESSE. — Qu'est-ce que tu dis ?

ÈVE. — Rien, rien, grand'mère.

LA DUCHESSE. — Ce n'est pas elle qui dit des choses risquées, ou chante des chansonnettes qu'une honnête femme ne devrait pas même entendre.

Ève. — Mais, grand'mère, moi je ne chante jamais, et je ne dis rien de... risqué, comme vous dites !

La duchesse. — Non, mais c'est Colette qui...

Ève. — Vous gronderez Colette à son tour, grand'mère.

La duchesse. — On dirait vraiment que je suis Croquemitaine.

Ève. — Non, mais, voyez-vous, grand'mère, moi, à votre place, j'aimerais mieux que mes petites-filles se montrassent... oh ! comme je parle bien !... se montrassent donc, telles qu'elles sont, avec beaucoup de défauts, que de cacher ces mêmes défauts, tout en les conservant soigneusement.

La duchesse. — Tu parles de choses que tu ne sais pas, tu ne vois pas plus loin que le bout de ton nez, et...

Ève. — Que si, grand'mère ; ainsi je vois des choses que vous ne voyez pas.

La duchesse. — Peut-on te demander de m'éclairer ?

Ève. — Sans doute. Par exemple, je vois que le marquis me trouve très à son goût, moi..., oui..., moi, la gamine ! mais c'est à la baronne qu'il fait la cour ; elle l'accueille du reste très bien et...

LA DUCHESSE. — Je crois que tu es folle, ma parole !

ÈVE. — Que non ! Je vois encore bien d'autres choses, allez, grand'mère ! (*Elle se sauve en courant.*)

VI

LE SOIR SUR LA TERRASSE

Conversation générale. Il fait nuit.

Colette, Georges, le marquis, Pierre, la baronne, le mari de
la baronne arrivé dans la journée, Jacques, Ève, la petite
voisine blonde, invités, etc.

Dans un coin de la terrasse, la baronne et Jacques.

JACQUES. — Je vous supplie de ne pas me traiter
si durement ; si vous saviez combien je vous
aime...

LA BARONNE. — Mais vous êtes un enfant...

JACQUES. — Eh bien, soit ! mais je suis un enfant qui vous adore... Je ne vous demanderai rien,
que la permission de vous parler de mon amour ;
venez à mon pavillon demain matin ; que, sans
être entouré de tout ce monde, je...

LA BARONNE. — Vous savez bien que, le matin,
vous montez à cheval avec votre cousine...

JACQUES. — Qu'est-ce que ça fait ? je lui dirai...

LA BARONNE. — Quoi ?

JACQUES. — Que je ne peux pas monter.

LA BARONNE. — Eh bien, oui. (*Elle s'éloigne.*

Pierre, la baronne, le mari de la baronne, Colette, Ève, le marquis, la voisine blonde. Assis sur les marches du perron.

PIERRE. — Moi, j'aimerais la campagne, si on pouvait passer la soirée à Paris.

COLETTE. — Toujours aimable, Pierre, il a raison ; à son âge, il ne faut pas changer sa manière d'être, c'est dangereux.

LA VOISINE BLONDE. — Oh ! je comprends ce que dit monsieur, moi, je n'aime que Paris !

PIERRE. — Moi, j'admets la campagne avec une jolie femme ..(*Soupirant.*)...qui me comprendrait !

LE MARI DE LA BARONNE. — C'est aussi comme cela que j'aime la campagne, mais ma femme ne peut pas la souffrir...

LE MARQUIS, *à Ève.* — Et vous, mademoiselle, qu'est-ce que vous aimez ?

ÈVE. — Tout, pourvu que je sois libre, et qu'on ne me reproche pas ma tenue.

LE MARQUIS. — Qui donc vous la reproche ?

ÈVE. — Grand'mère. Elle me dit d'imiter la baronne. (*Railleuse.*) Trouvez-vous pas que j'aurais raison ?

LE MARQUIS. — Vous savez mieux que moi, peut-être, ce que je pense là-dessus.

Dans un coin sombre, la baronne, Georges.

GEORGES. — Si vous saviez à quel point vous me faites souffrir, vous auriez, je crois, pitié.

LA BARONNE. — Et en quoi vous fais-je souffrir, mon Dieu ?

GEORGES. — Vous voyez bien que vous me torturez ; être coquette au point où vous l'êtes avec le marquis, et avec ce serin de petit Jacques, et cela au moment où ma carrière me force à m'éloigner de vous.

LA BARONNE, *marronnant*. — Vlan ! S'il n'avait pas parlé de sa carrière, ça m'aurait étonnée.

GEORGES. — Vous dites ?

LA BARONNE. — Rien.

GEORGES. — Et votre mari qui arrive ?

LA BARONNE. — Eh bien, est-ce qu'il vous gêne ? il est logé dans l'aile gauche.

GEORGES, *timidement*. — Alors cette nuit ???

LA BARONNE, *d'un air ennuyé*. — Ah ! si vous voulez !

Cinq minutes plus tard, dans un troisième coin sombre, la baronne, le marquis.

LE MARQUIS. — J'ai trouvé ce que je voulais une maison de garde où personne ne viendra nous déranger.

LA BARONNE. — Alors, à l'heure convenue ?

LE MARQUIS. — Oui. (*Il s'éloigne.*)

PIERRE, *s'approchant.* — Est-ce qu'on peut en-core demander quelque chose? Je pars demain...

LA BARONNE. — Et vous n'avez « rien » dit à personne ?

PIERRE. — Rien. Mais dame! à la fin, on finira peut-être par se douter... Dites donc? si par hasard... ce soir, votre mari allait... vouloir aussi?

LA DUCHESSE, *paraissant sur le perron.* — Où est donc la baronne?

ÈVE. — Elle cause *sérieusement,* grand'mère.

RÉGÉNÉRATION SPONTANÉE

Un nouveau préfet venait d'être nommé à X...,
che -lieu d'Indre-et-Saône.

A X..., on était fait au changement, C'était,
depuis 1870, le seizième préfet que la République,
généreuse de ses fonctionnaires, envoyait administrer le département.

Indre-et-Saône est un pays facile et bon enfant.
Tous passaient, se succédant sans qu'on s'en
aperçût, car, pourvu que, chaque année, les habitants de X... aient les deux bals auxquels ils sont
habitués, ils s'inquiètent peu du nom, du visage
et des opinions plus ou moins colorées du monsieur chargé de les recevoir.

Dans chaque ville de province, il y a un nombre
relativement considérable de gens qui n'ont, au
point de vue mondain, d'autre ressource que les
réceptions officielles. Or, à X..., le trésorier général est avare, les trois généraux de brigade sont

garçons, et le général de division redoute vivement l'effet produit par la valse sur le moral de sa femme. Restent les fêtes de la préfecture, et voilà qu'on était menacé par le nouveau venu d'être privé de cette unique distraction.

Car c'était, disait-on, un rigide républicain que le nouveau préfet.

M. Brutus Nadébat, compatriote d'un illustre homme d'État, devait sa nomination à cette seule particularité, qu'il a eu la chance de naître sous le ciel bleu du Midi.

La préfecture d'Indre-et-Saône était son début administratif et il voulait commencer brillamment par d'énergiques et éclatantes réformes. On avait appris cela d'un de ses amis qui habite X..., et auquel il avait fait connaître ses intentions par une lettre *confidentielle*, destinée à être montrée et publiée. Monsieur le préfet disait dans cette lettre que : « L'épuration avait certainement du bon, mais qu'il y avait une autre condition plus nécessaire encore à la régénération de la France, pourrie par vingt années de corruption : cette condition, c'était la moralisation des villes par des fonctionnaires soucieux de préserver de la plus légère souillure la robe toute neuve de la jeune République confiée à leurs soins. »

M. le préfet ajoutait : « Qu'il vivrait dans la retraite la plus absolue, se consacrant uniquement à ses chères études, et à sa sœur qui n'avait plus que lui au monde. Outre que son goût pour la solitude et la présence de sa sœur l'empêcheraient de recevoir, il trouvait que le nouvel état de choses devait, avant tout, éviter les errements du régime déchu.

» Autant, sous l'Empire, il était habile et nécessaire d'étourdir les Français par des fêtes et des orgies, pour les empêcher de regarder l'abîme dans lequel ils allaient rouler, autant le gouvernement actuel avait intérêt à laisser les citoyens jouir dans la paix du silence, de la tranquillité et de la quiétude apportées par la République.

» Au point de vue des mœurs, il serait sévère aussi ; c'est la vertu qui fait la force, les grands républicains de l'antiquité étaient chastes, la jeune école devait les imiter.

» Il espérait que les braves populations d'Indre-et-Saône apporteraient à l'œuvre de régénération qu'il allait entreprendre leur concours intelligent et spontané, etc., etc. »

Cette profession de foi produisit des impressions différentes; les uns dirent : « Quel homme!!! quel caractère!!! » les autres : « Quel sauteur!!! » ou « quel fumiste!!! » Mais tout le monde se fit, en général, la même idée physique de ce républicain de bronze. On s'attendait à un grave personnage, d'apparence

sérieuse, ennuyeux comme la pluie, et vêtu comme
un républicain qui se respecte. Aussi les curieux,
qui, le jour de l'arrivée, allèrent flâner, comme par
hasard, du côté de la gare, crurent-ils, en voyant
monter dans le plus beau fiacre de X... un grand
jeune homme d'apparence assez élégante, que
c'était seulement le chef du cabinet précédant
son préfet.

Ceux qui firent un vrai nez, par exemple, ce
furent les fonctionnaires qui, en grande tenue,
vinrent saluer M. le préfet, car c'était bien lui.

Il les reçut avec une désinvolture parfaite ; frais
et reposé, il avait un petit complet anglais à grands
carreaux et des guêtres blanches. Du reste, il fut
charmant, remercia ces messieurs de s'être dérangés par cette chaleur affreuse, témoigna correcte-
ment sa joie d'être envoyé à X... et termina par
quelques mots bien tournés, exposant brièvement
les idées déjà connues par sa lettre.

M. Brutus Nadébat est un grand garçon de
trente-cinq ou trente-six ans, vigoureusement bâti ;
il a de grands yeux noirs et brillants, une barbe
brune soyeuse et touffue, et une large bouche
épaisse, dont l'expression contraste bizarrement
avec le langage sévère et pudibond.

— Ce doit être un farceur, dit en sortant un conseiller de préfecture.

— Dans tous les cas, répondit un autre, on sera vite édifié là-dessus : tout se sait, à X...!

— Je ne lui donne pas huit jours pour se faire pincer, dit le procureur de la République, exaspéré par la tenue dans laquelle le préfet les avait reçus.

— Quel mufle! murmura doucement le premier président.

— C'est égal, nous veillerons au grain, dit un sous-inspecteur des forêts, qui, passant sa vie à suivre et à épier les habitants de X..., se promettait de s'attacher particulièrement aux pas du préfet.

Leur attente fut trompée; on eut beau suivre M. le préfet, envoyer toutes les cocottes du cru entourer sa chaise à la musique, lui faire offrir... un tas de choses, placer en face de sa loge, au théâtre, les plus jolies filles de X..., il resta impassible, et ne vit, ou du moins n'eut l'air de rien voir. Il sortait généralement beaucoup, mais, lorsque sa sœur, qui terminait ses études à Paris, venait passer quelques jours avec lui, il disparaissait complètement, et on ne l'apercevait plus alors qu'en voiture, et toujours avec elle.

La vertu... positive de ce préfet, si beau garçon, finit par stupéfier les habitants de X... et par exaspérer leurs femmes. Les plus irrésistibles tentèrent vainement d'attirer son attention; il était courtois, banalement aimable, mais absolument distrait en leur présence. Souvent à leurs agaceries il répondait : *Oui, monsieur*.

On lui donna des rendez-vous auxquels il ne vint pas; on lui écrivit des lettres anonymes, tout fut inutile. Alors les bruits les plus fâcheux commencèrent à circuler sur le malheureux préfet. Il était, disait-on, vertueux par « force ». Sa lettre était inspirée par son tempérament, etc., etc.

Tandis que les potins allaient leur train, M. Nadébat faisait exécuter de grands travaux à la préfecture : on construisait une nouvelle salle pour le conseil général, dont la session était prochaine; on changeait de place le cabinet du préfet et plusieurs bureaux, afin d'isoler complètement l'appartement de mademoiselle Nadébat, qui allait venir habiter tout à fait avec son frère.

Quand commença le conseil général, tous étaient curieux de savoir comment présiderait le nouveau préfet. Il ouvrit la session par quelques phrases polies, nettes et précises, dans lesquelles il prit la peine d'expliquer à messieurs les conseillers généraux : « Que le gouvernement dans sa sagesse leur accordait toutes les libertés, leur permettait d'aborder tous les sujets, à condition toutefois qu'ils ne s'occupassent de rien de ce qui pouvait gêner ledit gouvernement.

» Que, connaissant le tact et la mesure de ces messieurs, il était convaincu que son rôle serait une sinécure. »

Correcte et froide, son attitude fut approuvée. En somme, il était représentant du gouvernement; il faisaitce qu'il devait faire, on ne pouvait lui en savoir mauvais gré. Les réactionnaires eux-mêmes furent agréablement surpris en rencontrant un *monsieur* là où ils s'attendaient à trouver un goujat, et il fut si sympathique à un vieux conseiller de la droite que le bonhomme, qui avait quelque chose à lui demander, se décida à aller lui parler en particulier.

Le marquis d'Esprycour est un royaliste convaincu et fervent. Adoré dansle pays, où sa grande fortune lui permet de faire énormément de bien, sans enfants, absolument libre de disposer de son temps et de son argent, il a réussi à être réélu toujours depuis plus de vingt-cinq ans, avec une superbe majorité, en dépit de ses opinions hautement affichées.

C'est un tout petit homme malingre, fluet et distingué. Chauve, avec un long nez, des lèvres minces et des yeux clairs un peu papillotants, il a des mouvements de furet et il s'échappe de toute sa petite personne élégante et soignée comme un vague parfum d'encens. D'une extrême

ignorance des choses mondaines, il rougit à la vue
d'une femme autre que la sienne et un mot cru le
fait frémir. Doux, aimable, bon et indulgent aux
petits péchés qu'il comprend, il est d'une extrême
sévérité pour ceux qu'il ne connaît que de nom et
desquels il n'a qu'une idée confuse, suffisante néanmoins pour lui inspirer une invincible terreur.
Dévoué et généreux, M. d'Esprycour aime ses
paysans, croit encore à eux et s'acquitte conscien-
cieusement du mandat qu'ils lui confient. Il efface
sa personnalité pour s'occuper uniquement des
intérêts de ses électeurs.

Or, au début de sa carrière, le vieux marquis a
observé qu'il vaut mieux souvent se taire et laisser
tomber un projet, que mécontenter le premier
magistrat du département, et depuis vingt ans
il a pris l'habitude de ne jamais proposer, dis-
cuter, en un mot, de n'ouvrir la bouche qu'après
avoir consulté le préfet en particulier, et avoir obtenu préalablement son avis sur le sujet qu'il attaque ensuite à la séance.

C'est généralement le matin, vers dix heures,
qu'il va trouver les préfets; il a toujours, à cette
heure-là, rencontré tous ceux qui se sont succédé à
X... et il connaît les habitudes et l'intérieur
de la préfecture comme s'il faisait partie du personnel.

Le lendemain de l'ouverture du conseil général, le marquis sortit le matin, et se dirigea en flânant vers la préfecture. Chemin faisant, il pensait à ce jeune fonctionnaire vertueux et pur, de mœurs austères, que la malveillance provinciale guettait activement sans rien découvrir. Il admirait profondément ce caractère. Il se proposait, après l'avoir entretenu de la reconstruction de l'église d'Esprycour, qui menaçait de s'écrouler, de lui exprimer son admiration pour sa grande dignité de vie, et de lui prouver ainsi que les vieux partis sont justes, même pour leurs adversaires politiques, et ne se laissent pas gagner par l'aveuglement mesquin du parti républicain, qui ne reconnaît rien de bien en dehors de lui.

En arrivant, il rencontra un des huissiers qui sortait en courant, portant un paquet d'épreuves. Lorsqu'il aperçut M. d'Esprycour, il s'arrêta; tout le monde connaissait le vieux conseiller général qui jamais ne demandait le moindre service aux huissiers sans les rétribuer grandement.

— Est-ce que M. le préfet reçoit, Baptiste?

— Oui, monsieur le marquis; il est dans son cabinet. Excusez-moi si je ne vous introduis pas, c'est que j'ai pour l'imprimerie une commission très pressée, les épreuves de la séance d'hier.

M. d'Esprycour n'avait besoin de personne pour

3

l'accompagner, il eût circulé partout les yeux ban-
dés. Il traversa un large corridor couvert d'un
moelleux tapis, et s'arrêta devant une porte de
chêne sur laquelle retombait une épaisse portière
de Smyrne.

— C'est bien plus élégant que du temps des autres, pensa-t-il; et il gratta doucement.

— Entrez! cria une voix qui résonna comme un
clairon.

Le marquis obéit, et, aussitôt entré, avant de
regarder dans l'appartement, il se retourna par un
de ces mouvements doux et rapides qui lui étaient
familiers, et referma soigneusement la porte. Alors
seulement il leva les yeux et s'arrêta pétrifié.

Il y avait de quoi !

Au milieu d'une pièce tendue d'étoffe à larges
raies grises et rouges, debout devant une immense
baignoire de marbre noir, se dressait une grande
femme nue et ruisselante.

Le pauvre conseiller, affolé, perdit absolument la
tête, et, au lieu de sortir, il balbutia machinalement:

— Est-ce à monsieur le préfet d'Indre-et-Saône
que j'ai l'honneur de parler ?

Elle éclata d'un rire bruyant.

— Vieux farceur, dit-elle.

M. d'Esprycour recula. On entendait dans le

corridor des voix qui le rappelèrent à lui; il se crut sauvé et voulut ouvrir.

Elle le saisit par les épaules et le fit brusquement pirouetter.

— Ah! mais non... attendez!... il y a là du monde, et je n'ai pas envie qu'on vous voie sortir!... Manquerait plus que ça!... pour me faire du potin!...

Et se dressant sur la pointe des pieds, elle poussa un verrou placé presque en haut de la porte.

— Mais..., voulut dire le marquis.

— Tant pis! fallait pas venir!... je vous ai pas appelé, est-ce pas?...

— J'ai frappé, et vous m'avez répondu: « Entrez! » murmura le pauvre conseiller général.

— Parbleu! je croyais que c'était Brutus; je ne pouvais pas deviner qu'un imbécile allait me tomber dessus comme ça!

M. d'Esprycour ne répondit pas. Il n'a jamais la parole très facile, mais en ce moment, en présence de ce langage, et surtout de ce costume, les mots se refusaient absolument à sortir de son gosier contracté. Il resta ahuri, regardant, malgré lui, son étrange interlocutrice.

C'était une grande fille fraîche, au nez brutalement retroussé, aux lèvres roulées d'un rouge intense. Ses cheveux, prodigieusement abondants, noirs et ondulés, étaient relevés sur le sommet de la tête, dégageant une large nuque couverte de bouclettes rudes et drues. Les yeux fauves étaient surmontés d'épais sourcils, l'expression de la physionomie sauvage, les oreilles grandes et mal ourlées, les doigts des pieds et des mains spatulés et les attaches lourdes ; mais les dents, admirables, eussent broyé des pierres ; le corps puissant et souple semblait sculpté en plein marbre, et le rayon qui descendait du plafond, au travers d'un store rouge, jetait çà et là des taches rosées sur cette carnation saine et lumineuse.

Jamais le pauvre marquis n'avait rien vu, ni même soupçonné de semblable ; il était au désespoir et ne savait quelle contenance faire.

— Je vais m'habiller, dit-elle : puis je sortirai, vous attendrez un instant et vous vous en irez ensuite..., si bon vous semble... Surtout pas de bêtises, hein ??

M. d'Esprycour ne pouvait songer à s'échapper. Il lui était impossible de tirer le verrou, auquel la grande fille n'avait atteint qu'avec peine, et la pièce n'était meublée que de larges divans bas adossés aux murs ; il fallait se résigner. Il se laissa glisser sur un des divans dans une attitude navrée, et se mit à contempler attentivement le fond de son chapeau.

La jeune femme allait, venait, s'essuyant lentement, tranquillement, absolument comme si elle eût été seule.

— Au fait ! dit-elle tout à coup, qui êtes-vous, et que veniez-vous chercher ici ?

— Je suis le marquis d'Esprycour..., un conseiller général... qui... qui s'est trompé, répondit faiblement le pauvre homme, en priant intérieurement ses ancêtres de lui pardonner de prononcer leur nom dans un pareil endroit.

— Ah ! moi, je suis la... la sœur de Brutus, du préfet, c'est-à-dire, et je m'appelle Molda ; c'est bien le moins qu'on se dise son nom quand on fait connaissance aussi intime ; car y a pas à dire, ma vieille branche, nous avons fait connaissance intime ! pas vrai ? Et que lui vouliez-vous à Brutus..., au préfet ?

— Je voulais lui demander la reconstruction d'une église qui tombe en ruines... à la campagne... chez moi... Autrefois il avait ici son cabinet ; je suis venu... je... et puis, vous savez bien...

Le pauvre bonhomme suffoquait ; de grosses gouttes de sueur perlaient sur son crâne luisant. Elle le regardait en riant, prodigieusement égayée par cette émotion qu'elle ne s'expliquait pas. En deux bonds elle vint s'asseoir sur ses genoux, et, lui frottant la tête avec une serviette éponge :

— Essuie ta bille..., tu as rudement chaud ? Vous me regardez d'un air épaté ?... je suis pas bossue pourtant... Allons... on verra à vous la faire reconstruire, votre église... mais ça... si tu es gentil, bien gentil...

Il voulut se lever ; mais elle était lourde, et elle se cramponnait à ses jambes, tout en continuant à lui frotter la tête.

— Mademoiselle... bégaya-t-il rouge comme un coq, finissez, je ne suis pas habitué à ces manières-là.

— J'te crois, noble vieillard, mais tu t'y feras.

— Lâchez-moi, laissez-moi sortir...

Elle se leva brusquement et commença à s'habiller, elle semblait en colère.

A mesure qu'elle modifiait son costume primitif, M. d'Esprycour reprenait peu à peu l'usage de ses facultés.

— Est-ce que vous allez raconter ce... cet incident à monsieur votre frère ? interrogea-t-il timidement.

— Un peu !... si tu crois que je serai assez bête pour vous laisser obtenir ta construction pour rien ? surtout après la façon dont vous vous êtes conduit avec moi !... Jamais.

Tandis qu'elle parlait, un violent combat se livrait dans l'âme du vertueux conseiller général. Il songeait à la déconvenue des paysans d'Esprycour, et au tort que cet échec allait faire à son crédit. D'un autre côté, il se demandait s'il pouvait décemment parler à cette fille (dont, malgré son innocence, il devinait la parenté avec le préfet) de la maison du bon Dieu ; et obtenir une église dans des conditions pareilles lui semblait louche. Pourtant il se décida.

— Mademoiselle, demanda-t-il, vous avez dit que je n'aurais pas mon église « pour rien ». Que faut-il que je fasse pour l'obtenir ?

Elle resta un moment indécise ; tout à coup elle avisa au petit doigt du marquis un superbe saphir.

— Donne-moi ça, homme de bien, et la bâtisse est faite.

Le pauvre marquis fut saisi et ne répondit pas ; cette bague avait touché la mule du pape !

— Avare aussi ! s'écria-t-elle : toutes les qualités, alors ! ! !

Il fallut s'exécuter, M. d'Esprycour demanda mentalement à Dieu de pardonner ce sacrilège en vue du but qui le faisait commettre. Il passa la bague au doigt de la fille radieuse, et lui raconta en détail ce qu'il voulait du préfet, lui remettant un petit papier explicatif qu'il avait apporté.

Elle promit que tout serait fait comme il l'entendait, l'embrassa malgré lui sur les deux joues, et sortit en criant, dans un éclat de rire :

— C'est égal ! on ne vous accusera pas d'exploiter les situations, vous !

Elle a tenu parole ; on va commencer l'église d'Esprycour, mais le vieux marquis change à vue d'œil ; il a des cauchemars horribles dans lesquels il voit la bague du pape s'élargir en ceinture dorée, autour d'un grand corps souple taché de plaques roses, qui lui saute sur les genoux.

Le préfet régénérateur a demandé son changement. On raconte qu'un très joli conseiller général s'est aussi trompé de porte, mais que, moins délicat que le marquis, il a... exploité la situation !

Et voilà pourquoi le département d'Indre-et-Saône attend son dix-septième préfet.

UN PEU DE MORALE

LA MARQUISE. — Très jolie. Elle travaille au métier en tournant le dos au parc.

M. X... — Trente-cinq ans, beau garçon, physionomie ouverte et sympathique. Il entre doucement, derrière la marquise.

LA MARQUISE. — Vous! Ah! c'est gentil de venir nous voir !

MONSIEUR X... — Comment ! je ne vous ai pas fait peur ? tant pis! c'est si gentil, une femme qui a peur !

LA MARQUISE. — Vraiment ? Je suis fâchée de ne pouvoir vous donner ce spectacle, mais la vue de votre bonne figure réjouie ne m'inspire pas la moindre frayeur.

MONSIEUR X... — Ma figure, je le comprends, mais la surprise ?...

LA MARQUISE. — La surprise !... Ça n'existe pas !... On l'attend toujours, mais elle ne vient jamais.

3.

Monsieur X... — Vous n'êtes pas fatiguée de votre soirée d'hier?

La marquise. — Pas le moins du monde! Et vous?

Monsieur X... — Oh! moi! je n'ai pas dansé, tandis que vous...

La marquise. — Ah! c'est vrai! j'ai dansé d'une façon... ridicule à mon âge...

Monsieur X..., *riant*. — A votre âge!... Quel âge avez-vous donc?...

La marquise. — Trente-deux ans et demi.

Monsieur X... — Ah.bah! Eh bien! vrai, vous...

La marquise, *achevant*. — N'en avez pas l'air; je connais la phrase!... C'est étonnant comme, dans certaines circonstances, les imbéciles et les gens d'esprit trouvent les mêmes idées et les expriment de même. Là! voilà ma fleur finie, causons en attendant le retour de mon mari; quand il reviendra, nous irons faire un tour en bateau : il a la clef du bateau, je ne sais pas où on la met.

Monsieur X... — Où est-il?

La marquise. — Sur l'étang. Il est attaché à un arbre, et c'est la clef de la chaîne que je... Ah! vous parlez de mon mari?... Il est allé un instant au village, il avait quelque chose à dire à son adjoint. Il était joli, ce bal d'hier! (*Elle repousse son métier et se lève.*)

Monsieur X... — Joli pour ceux qui aiment ça!

Tiens! vous ne travaillez plus? On m'a dit que, souvent, vous receviez sans quitter votre ouvrage...

LA MARQUISE. — Les ennuyeux ! C'est vrai ! mais votre conversation me suffit; vous êtes plus... varié que les autres, sans compliment.

MONSIEUR X... — Merci pour cette bonne parole, mais je n'en prends pas un fol orgueil, car les autres... dans ce pays-ci ! Oh! la la !

LA MARQUISE. — Eh bien, pourquoi y restez-vous ? rien ne vous y force.

MONSIEUR X..., *riant*. — Comment, rien ne m'y force ?... Eh bien, et mon mandat ?...

LA MARQUISE. — Ah! c'est vrai ! Si vous croyez que je vous prends au sérieux, moi ?...

MONSIEUR X... — Je ne demande pas l'impossible, chère madame, et, pourvu que mes électeurs m'accordent ce que vous me refusez, je suis satisfait.

LA MARQUISE. — Avez-vous été assez entêté, hier soir ?...

MONSIEUR X... — Parce que je n'ai pas voulu danser le cotillon ?... C'était une drôle d'idée que vous aviez là ! Je ne connais personne !...

LA MARQUISE. — Qu'est-ce que ça fait ? Je suis sûre que toutes les femmes présentes seraient venues vous choisir !

MONSIEUR X... — Moi !!!... Allons donc! Elles ne veulent même pas me parler, ainsi...

LA MARQUISE. — Ah! mais ce n'est pas du tout la même chose !... Vous parler, à vous, « un affreux républicain », n'a aucun charme pour ces dames, qui craindraient de se compromettre dans notre monde, en ayant l'air de vous connaître; tandis que faire un tour de valse avec un « beau monsieur », cela n'engage à rien, et il y avait hier chez ma belle-sœur beaucoup de femmes très friandes de ce genre de divertissement. Vous auriez eu un succès fou et ça m'aurait amusée beaucoup... à cause des autres...

MONSIEUR X... — Vous avez des illusions que je ne partage pas du tout...

LA MARQUISE. — Ah! croyez-moi donc! Je sais ce que je vous dis! Ainsi... la duchesse! eh bien! la duchesse ferait très volontiers du chagrin au duc, pour vous convertir à son drapeau, par une persuasion douce; à moins qu'elle n'exécute la conversion inverse, auquel cas vous auriez l'honneur de deux conquêtes réunies! Oh! ne riez pas! Elle me l'a dit !...

MONSIEUR X..., *stupéfait*. — Comment, elle vous a dit...

LA MARQUISE. — Pour que je vous le répète, oui ! Ne vous étonnez pas de cela; vous êtes, vous, le

fruit doublement défendu, et un fruit très vert ! La
duchesse, comme vous savez, est loin d'être insen-
sible à ces... détails, et elle nous accable, ma belle-
sœur et moi, de questions et de confidences à
votre sujet ; nous sommes les seules vous connaissant !

MONSIEUR X... — Si ces dames voyaient de près
ce qui de loin a l'honneur de les intriguer, leur
curiosité serait vite calmée !

LA MARQUISE. — Ne croyez pas ça ! Je vous assure
que si la curiosité de la duchesse était satisfaite,
elle ne serait pas calmée, comme vous dites !

MONSIEUR X... — Quelles singulières femmes que
celles du monde, du grand !

LA MARQUISE. — Pourquoi ?... Que pensez-vous
donc ?... Est-ce parce que vous m'entendez parler
avec cette désinvolture des caprices nombreux de la
duchesse ? Notre monde vaut l'autre, croyez-moi ;
peut-être même vaut-il mieux ; la duchesse y est
une exception fâcheuse, comme elle en serait une
dans votre monde, à vous !

MONSIEUR X... — Pourtant, d'après ce que j'en-
tendais dire hier, presque toutes les femmes qui
étaient là ont eu des aventures, et...

LA MARQUISE. — Mais pas du tout : voilà en quoi
on est complètement à côté. Il est certain qu'il y
avait là hier soir plusieurs femmes qui ont « faibli »,

mais je vous assure que c'est le très petit nombre; et puis, il ne faut pas pour cela les assimiler à la duchesse ou à madame de Capytalyse encore!

MONSIEUR X..: — Eh, pourriez-vous me dire la différence qui existe entre ces deux dames et les autres?

LA MARQUISE. — La même, par exemple, qu'entre la *Revue des Deux Mondes* et le *Petit Journal!*

MONSIEUR X... — Ah! diable!... Est-ce comme prix, ou comme... maniement?

LA MARQUISE. — Ah! mais, arrêtons-nous; vous allez un peu loin! La duchesse a huit cent mille livres de rente; elle est à l'abri de tout soupçon de ce genre; d'ailleurs... regardez-la!!... Madame de Capytalyse, elle, passe, à tort ou à raison, pour avoir quelquefois reçu des... comment dire cela?... des gratifications; mais ce que je crois certain, c'est qu'aujourd'hui toutes deux en donnent!...

MONSIEUR X... — Oh! croyez-vous? Je ne suis pas candide, n'est-ce pas? Eh bien! je crois très difficilement à ces choses-là; je ne puis m'imaginer que dans le monde, dans le vrai, il y ait des hommes assez... Car enfin, c'est affreusement sale, ces histoires!!

LA MARQUISE. — Bast! c'est sale aujourd'hui, c'est hors les habitudes nouvelles; autrefois rien n'était plus naturel, plus admis.

MONSIEUR X... — Oh! permettez...

LA MARQUISE. — Eh! oui, une austère mère de famille se réjouissait carrément d'avoir un fils joli garçon, se disant qu'au moins celui-là serait sûr de se tirer d'affaire! Notez bien que cette mère eût préféré voir sa fille morte qu'effleurée par le plus léger soupçon. Aujourd'hui, tout change! Ce qui était général devient l'exception, la monstrueuse exception! Ce dont on parlait tout haut se chuchote à l'oreille, et le plus drôle, c'est qu'on est vraiment étonné de bonne foi, comme si, aux Champs-Élysées, on rencontrait un monsieur se promenant d'un air naturel en maillot et en souliers à la poulaine. Et on dit que la France est démoralisée!

MONSIEUR X... — Vous avez une manière d'envisager les choses!...

LA MARQUISE. — Je trouve qu'on est plus moral aujourd'hui qu'autrefois, moi, ou que, du moins, on cache mieux ses petites faiblesses!

MONSIEUR X... — Eh bien! je me trouve pas, moi, qui passe cependant pour être dans le mouvement!

LA MARQUISE. — Parbleu! vous ne voyez et ne prenez du mouvement que ce qu'il a de mauvais. Et vous fermez les yeux sur ce qu'il a de bon, parce que, généralement, ce qu'il a de bon exige un peu de gêne, un peu de tenue, et que vous n'aimez pas ça! Moi, je me place à un seul point de vue :

la *morale*, ou du moins l'apparence. Voyons, croyez-vous qu'aujourd'hui le Président de la République ou un personnage haut placé du gouvernement se permettraient les privautés que se permettaient jadis les rois et les ministres? j'entends ouvertement comme alors. Jamais de la vie! Et pourtant ils sont ou se croient aussi forts, aussi assis, et ils ont autant d'indulgence pour eux-mêmes! Non! les habitudes ont changé, c'est certain. Représentez-vous Richelieu ou Law revenant au pouvoir et reprenant leurs anciennes manières; feraient-ils des têtes, hein! les gens sérieux qui se plaignent des allures de notre cour actuelle?

MONSIEUR X..., *d'un ton excessivement sérieux.* — Le fait est que les mœurs de l'ancien régime avaient du bon... Tenez! moi, je crois que l'immoralité de la monarchie, c'était « son clou ». C'est pour cela que, puisque, à vous entendre, les rois n'auraient plus aujourd'hui le droit de nager dans la fantaisie, ils n'ont plus aucune raison d'être. Ne trouvez-vous pas?

LA MARQUISE, *riant.* — Vous ne parlez jamais sérieusement.

MONSIEUR X... — Moi! je vous jure que je suis très sérieux! Suivez-moi bien. Autrefois les souverains s'occupaient de leurs plaisirs, de leurs plaisirs seulement; alors l'État marchait à peu près bien;

mais aujourd'hui que, d'après vous, d'innocentes distractions leur seraient supprimées, ils n'auraient qu'à avoir l'idée de s'occuper du gouvernement! Jugez un peu! Qu'est-ce qu'on deviendrait? Ça fait frémir! Après tout, leurs petits caprices ne faisaient de mal à personne et faisaient plaisir à beaucoup; car enfin, quand on doit être... ce qu'on est presque toujours, autant vaut que ce soit un roi, c'est plus flatteur et ça fait du bien à la famille!

La marquise. — Quand vous aurez fini de divaguer...

Monsieur X... — Non, je suis bien gentil, je ne veux pas contrarier vos petites manies; le dix-huitième siècle... et les précédents, c'était l'idéal! Tout était parfait... le chapitre des mœurs excepté! Êtesvous contente? Suis-je assez converti à toutes vos idées ?

La marquise. — Vous êtes un monsieur qui se moque de tout! Voilà votre emploi! Que disionsnous donc pour en être arrivés là?

Monsieur X... — Nous parlions des femmes du monde, du vôtre, et vous me disiez...

La marquise. — Je vous disais que vous aviez sur elles un tas d'idées parfaitement fausses. Vous êtes, voyez-vous, comme les gens qui croient connaître un pays par les descriptions qu'ils en lisent. Ce

n'est peut-être ni gracieux, ni exact ce que je vous
dis là, car enfin il est très possible que vous ayez
exploré vous-même.

Monsieur X... — Non; en cela je suis simplement de l'avis de...

La marquise. — De la majorité!... Nous y voilà!
Et qu'est-ce que cela prouve? Il y a partout plus de
sots que de gens intelligents, n'est-ce pas? Donc la
majorité représente les premiers plutôt que les se-
conds et...

Monsieur X... — Tant que vous voudrez! mais
je suis de ceux-là; je trouve que c'est une fichue
position qu'être le mari d'une femme de votre
monde!

La marquise. — Merci!

Monsieur X... — Je ne dis pas cela pour vous,
vous le savez bien.

La marquise. — Ah! j'attendais ça! la femme à
laquelle on parle est toujours une exception!

Monsieur X... — Enfin, chère madame, vous
m'accorderez bien qu'il y a plus de femmes vertueuses dans le monde bourgeois que dans l'autre.

La marquise. — Parce que?...

Monsieur X... — Mais parce que... pour cent
raisons!

La marquise. — Développez! développez! je connais mal votre monde, moi, et je serai enchantée de savoir?...

MONSIEUR X... — Mais, d'abord, les jeunes filles sont élevées modestement, tranquillement, et elles se marient généralement très jeunes, bien plus jeunes que chez vous, où cette habitude qu'on avait autrefois de marier les filles à seize ans a presque complètement disparu. Cette jeunesse fait qu'en les épousant, nous les avons bien plus en main que si c'étaient des femmes faites. Est-ce vrai?

LA MARQUISE. — Ensuite?

MONSIEUR X... — Ensuite, lorsqu'elles sont mariées, elles continuent à mener une existence aussi calme, aussi unie que par le passé. Presque toujours le mari est occupé... Qu'il soit banquier, notaire ou administrateur de n'importe quoi, il est rare qu'il puisse passer son temps à se croiser les bras et à promener sa femme; donc, au lieu de se trimbaler au bal, à cheval, au théâtre, aux courses, etc..., elle reste forcément chez elle, où elle s'occupe de sa maison, de son intérieur et de ses enfants, si elle en a. Cette liberté d'allures, ce genre d'aller seules où le mari n'a pas le temps ou la volonté de conduire sa femme, tout cela est absolument inconnu chez nous. De là, vous devez le comprendre, moins de sorties, par conséquent moins de rencontres! Je trouve, moi qui ne suis pas bégueule, qu'il y a chez vous un laisser-aller vraiment choquant, et je me demande comment, dans ce milieu futile et vide, une femme, même disposée à être vertueuse, peut arriver à rester honnête. Pour moi, c'est un phénomène !

LA MARQUISE. — Vous avez tout dit ?

MONSIEUR X... — Mais, dame ! il me semble...

LA MARQUISE. — Eh bien ! moi, je ne suis pas du tout d'avis qu'il faille (pour la sécurité du mari) marier les jeunes filles avant qu'elles aient vu le monde. Il en est un peu des femmes comme des hommes : qui n'a pas jeté sa gourme avant, la jette après. Chez les jeunes gens, c'est un effet physique; chez les jeunes filles, c'est un effet moral. Je crois que la meilleure recette pour obtenir une femme sérieuse, c'est de la laisser, quand elle est jeune et libre, s'amuser, danser et même flirter un peu. Lorsqu'elle se marie, elle sait le monde et presque toujours elle en a déjà assez; elle ne regarde pas le mariage comme une délivrance, elle le considère plutôt comme un repos; son existence, jusqu'alors toute de mouvement, commence à s'arrêter.

MONSIEUR X... — C'est un autre point de vue, mais...

LA MARQUISE. — Notre maison, notre intérieur, nos enfants, nous nous en occupons tout autant

que les autres, seulement nous en parlons moins.
Les mille petits détails de ménage nous ennuient,
nous les subissons de bonne grâce, mais nous ne
les racontons pas. Quant à la vie remuante, agitée
elle est souvent inutile et creuse, je le veux bien,
mais c'est un excellent dérivatif, et bien des femmes
qui sont honnêtes dans ce tourbillon parce qu'il
leur est « matériellement impossible » d'être autrement, ne le seraient probablement pas longtemps,
si elles étaient, du matin au soir, repliées sur elles-
mêmes, en tête-à-tête avec leur ennui, ou avec leur
mari, ce qui est presque toujours la même chose !

Monsieur X... — Vous avez tant d'occasions,
tant de liberté absolue, complète ; il me semble impossible que beaucoup n'en abusent pas !

La marquise. — Aussi en abusent-elles quelquefois, mais moins souvent qu'on ne croit ! Je n'ai
pas la naïveté de penser que, dans notre monde, il
y a *plus* de femmes vertueuses qu'ailleurs ; je dis
qu'il n'y en a pas *moins*, voilà tout !

Monsieur X... — Pourtant, cette existence en
l'air, toujours entourée d'hommes... doit...

La marquise. — Mais, au contraire, ce sont les
rassemblements qui nous sauvent ! Le grand mérite
d'un homme, voyez-vous, c'est souvent d'être seul !
Il faut être remarquable, pour nous arrêter l'œil
dans ce défilé continuel, et c'est si rare « un mon-

sieur remarquable » ! Croyez-vous que ça existe, vous? Ah! si une femme est enfermée, si elle s'ennuie, c'est autre chose! Le premier singe venu qui la suit dans la rue lui paraît un être idéal! Un uniforme qu'elle entrevoit de sa fenêtre doit, à n'en pas douter, recouvrir un héros! Et telle femme, qui n'eût jamais fait attention à un homme charmant, rencontré et reçu librement, se toquera violemment d'un imbécile ou d'un drôle qu'on lui aura fait désirer! C'est bête, mais c'est comme ça! Et puis, permettez-moi de vous le dire, vous avez de grandes illusions sur les vertus bourgeoises... Vous n'avez probablement jamais rien entrepris de... difficile; vous devez, si je ne me trompe, aimer les sentiers battus! Mais si vous demandiez à nos frères ou à nos maris ce qu'ils pensent de la vertu farouche des bourgeoises, peut-être que leurs réponses vous étonneraient beaucoup.

MONSIEUR X... — Ma foi, vous avez raison! les femmes ne valent pas cher, n'importe où on les prend!

LA MARQUISE. — Je crois qu'en ce moment vous êtes plus dans le vrai. Cependant, n'exagérez pas cette idée; la femme est ce qu'on la fait, le tout est de savoir s'y prendre!

MONSIEUR X... — Je suis certain que je ne saurais pas du tout!

LA MARQUISE. — J'en suis convaincue aussi; vous

êtes ce qu'on est convenu d'appeler *un homme charmant* ; vous êtes droit, honnête et pas méchant; mais vous avez un caractère tout d'une pièce; vous êtes sec, cassant et passablement égoïste. Vous êtes un ami parfait, une relation très agréable, mais vous seriez, je crois, un amant insupportable et un mari impossible!

MONSIEUR X... — Sévère, mais juste! Pas très aimable, par exemple!

LA MARQUISE. — Vous savez bien que je ne suis jamais aimable, moi.

MONSIEUR X... — Si; seulement, quand vous l'êtes, c'est sans le vouloir!

LA SIMPLE NATURE

I

— Au diable les poseuses ! s'écriait Pierre en sortant furieux de chez la marquise. Six mois de stage !... C'est trop long ! Ou elle m'aime, ou elle ne m'aime pas... que diable ! Qu'elle dise oui, ou me mette à la porte, mais je suis las de ces hésitations... Elle me rappellera si elle veut, mais, de moi-même, je n'y retournerai pas... non, certainement !... Comment, tout à l'heure, parce que je lui ai embrassé le bras au lieu des doigts, elle me... Ah ! trop de pose !

Et Pierre rentra chez lui bien décidé à oublier Georgette.

Pour commencer, il résolut de s'occuper de ses affaires qu'il avait fort négligées depuis quelque temps. Sur sa table gisait en effet un monceau de

4

lettres pas même ouvertes. Il en prit une, dont il reconnut l'écriture et lut :

« Monsieur le comte,

» Si M. le comte pouvait trouver un petit instant pour venir donner un coup d'œil à Verbois, ça serait bien utile, vu que tout a beaucoup souffert des froids. Les lierres, les épicéas, les fusains et tous les arbres verts ont gelé, ce qui ne leur était jamais arrivé depuis que j'ai l'honneur de les surveiller.

» La mère Jeanne, qui avait aussi beaucoup souffert du froid, est morte samedi, de sorte que nous nous trouvons sans fille de cuisine pour faire les repas des gens d'écurie. On pourrait prendre pour la remplacer une fille à Tellier, qui est très intelligente ; elle est promise au berger de M. le comte et, si M. le comte le permet, je l'engagerai aux mêmes gages que la mère Jeanne ; je l'ai fait venir au château provisoirement.

» Et puis, il est arrivé un affreux malheur que j'ose à peine apprendre à M. le comte : Joseph, le taureau rouge, s'est cassé les reins. Il était descendu dans un des grands fossés du parc et c'est en voulant se retourner que la chose lui est arrivée. Il est mort subitement, sans se reconnaître ; j'étais présent. Jamais nous n'en retrouverons un si beau ; il aurait certainement été médaillé au concours de cette année.

» C'est, pour aujourd'hui, tout ce que j'ai l'honneur d'avoir à apprendre à M. le comte qui, j'espère, arrivera prochainement.

» Ma femme et moi, nous offrons tous nos respects à M. le comte, et les petits aussi.

» BLAMPIN,
» *Régisseur au château de Verbois.* »

— Est-ce que j'ai le temps d'aller à Verbois ? Ce n'est pourtant pas loin... Une journée, pas plus !... Mais où la trouver cette journée ?... rivé comme je suis aux jupes de cette maudite femme !...

A ce moment, le valet de chambre entra, apportant une lettre ; elle était de la marquise.

« Votre fugue, lui dit-elle, a été trop rapide ; je n'ai pas eu le temps de vous dire que vous avez ce soir, *si* vous le voulez, une place dans notre loge.

» GEORGETTE. »

— Ah ! ah ! pensa Pierre, elle se ravise et regrette son indignation de tout à l'heure !

Et, à neuf heures et demie, il entrait dans la loge de Georgette, qui ne se retourna même pas.

— Ma femme ne vous voit pas, mon cher Pierre,

lui dit le marquis; elle est absorbée, elle écoute religieusement.

A l'entr'acte seulement, Georgette dit bonjour à Pierre, et le marquis les ayant laissés seuls :

— Vous m'avez pardonné! demanda Pierre.

— Pardonné? Quoi donc?

— Eh bien, mais... ma fugue, mon dépit... tantôt...

— Je n'y pensais plus. Croyez-vous donc que cela m'ait fait une telle impression ?

— Comme elle est fausse! pensa Pierre qui reprit: Alors, vous avez été bien sévère, si vous n'étiez pas offensée ?

— J'ai été comme il m'a plu d'être.

— Mais enfin, vous devez bien comprendre que je suis malheureux, moi, que je ne puis rester éternellement ainsi...

— Qui donc vous demande de rester ?

— Vous êtes dure.

— De quoi vous plaignez-vous? Vous vous entêtez à vous occuper de moi, au lieu de répondre à toutes celles qui vous font la cour. Tenez! regardez cette bonne princesse qui vous appelle du regard et de l'éventail! Allez, mais allez donc lui dire bonsoir!

— Vous savez bien que vous seule existez pour moi! Allons! bien! voilà cet animal de Z... qui quitte son fauteuil, je parie qu'il vient ici!

— Probablement.

— Alors, je m'en vais.

— Oh! vous pouvez rester, vous ne me gênez pas.

Et l'animal de Z... arriva, suivi de trois ou quatre autres. Pierre était crispé. Pour tous, Georgette avait ce sourire qu'il aimait tant et qu'il croyait devoir être à lui seul. Chaque fois qu'un nouvel arrivant entrait, Pierre, d'un air grognon, était obligé de tirer les chaises, de faire le petit ménage de la loge, sans obtenir un regard de la marquise, fort occupée de ses visiteurs. Pendant tout le second acte, il médita profondément.

— Toutes les femmes étaient les mêmes décidément! coquettes, sans cœur et possédées du désir, non d'aimer ni même d'être aimées, mais d'être admirées et entourées d'une nuée de soupirants... Georgette ne valait pas mieux!... une poupée comme les autres!... Une bien jolie poupée, d'accord! mignonne, rose, avec des yeux lilas qui ressemblent à des pervenches, et des cheveux si noirs, si noirs! et les bras! et la taille! et tout!!!... Mais coquette à froid, raffinant sur tout... ni naïveté, ni franchise alambiquant ses sentiments comme ses robes... Ainsi, cette toilette satin feuille de rose brodée d'argent... c'est ridicule, en République!... Et toujours sur elle des gardenias!... Ce soir, elle en a

deux, ça suffit pour parfumer la loge ! Vraiment,
cela fait horriblement mal à la tête, à la longue.

Et, de l'examen de Georgette, Pierre, passant à
celui de la salle :

— Toujours les mêmes figures depuis quinze
ans !... Dieu ! que c'est donc monotone et bête ce
train-train !

Et, peu à peu, revenant à ses idées de retraite :

— Ah ! si je ne l'aimais pas tant, comme je file-
rais !... Bien loin... quelque part où il n'y ait ni
femme en satin feuille de rose, ni gardenias !...
Si je ne la voyais plus, peut-être que... Mais où aller ? Eh ! à Verbois, parbleu !

A l'entr'acte suivant, cet animal de Z... revint.
Pierre se leva et, s'approchant de la marquise, prit
congé d'elle.

— Comment ! vous vous en allez ?

— Oui, madame, je pars cette nuit, et...

— Vous partez ?

— Une courte absence; quelques jours seulement.

— Oh ! interrompit cet animal de Z..., Pierre
fait souvent des voyages... subits et mystérieux,
ajouta-t-il d'un air fin, en se penchant à l'oreille
de Georgette.

Il sembla à Pierre qu'elle se mordillait les lèvres
de dépit, et il sortit de la loge fier de sa résolution.

Pour la première fois, il trouvait que cet animal de Z... avait de l'esprit.

Il rentra et fit brusquement ses préparatifs de départ.

C'était parfait! on avait besoin de lui à Verbois! Il allait s'occuper de ses affaires et se déshabituer de Georgette par la même occasion.

A cinq heures du matin il montait dans le train après avoir télégraphié au régisseur d'envoyer les poneys à la station.

— Enfin, se disait-il en s'installant dans le wagon pour dormir, enfin, je vais donc un peu secouer cet engourdissement! Elle m'avait pris, cette Georgette, avec son air insouciant et naïf; elle est trop forte cette petite femme-là! Etait-elle assez jolie ce soir? Quels yeux, quelle peau, quelle électricité se dégageant de toute sa personne! Et quand je pense que je l'ai laissée entourée de tous ces imbéciles!... J'aurais bien dû attendre au moins, pour m'esquiver, que son mari fût rentré dans la loge.

C'est bête ce que j'ai fait là...

Et il remuait sans parvenir à s'endormir; il revoyait le petit salon tendu de vieilles étoffes, les sièges profonds, le grand fauteuil de peluche vieux vert brodé de pavots, dans lequel Georgette allongeait sa taille souple; la lampe à globe d'opale, le pouf sur lequel il s'asseyait chaque jour.

Il pensait que là, dans ce nid parfumé, on causait
doucement, et il regrettait tout, même le parfum des
gardenias posés sur la petite table, même « Pluton »,
le caniche noir, qui, en somme, était le vrai maître
de la maison, maître accepté, mais exécré et redouté
de tous les habitués, qui tâchaient par leurs caresses
de lui faire tolérer leur présence. Il était tout puissant, Pluton ! Georgette ne semblait jamais s'inquiéter de lui, mais il exerçait un pouvoir occulte, et un
jour, Pierre ayant remarqué la disparition d'un
visiteur autrefois assidu, la marquise lui avait
répondu : « Que voulez-vous ? Pluton ne pouvait
pas le souffrir. »

— Cette femme-là est folle ! criait-il en retournant
fiévreusement sa tête sur les coussins sales du wagon,
mais moi j'en suis fou !

II

En arrivant à Verbois, sans avoir fermé l'œil, Pierre fut réellement soulagé.

Le grand vieux château aux murs de granit, épais et majestueux, lui faisait toujours plaisir à retrouver. C'était un vieux compagnon ce Verbois féodal, modifié par lui au goût du jour, avec ses fossés profonds où le gazon et les fleurs avaient remplacé l'eau trouble, avec ses grands herbages entourés de palissades blanches...

A chaque pas un souvenir : dans la chapelle, sa mère lui avait appris à prier ; ici, il s'était cassé le bras en voulant faire sauter Gypsy ; là, il avait manqué son premier lièvre. Et la vieille horloge sur laquelle les heures étaient à demi enlevées, encore un coup de fusil malheureux celui-là ! Un soir, Pierre avait fait sauter une partie du cadran en tuant un hibou. Son père lui avait fortement tiré les oreilles, mais ça lui était bien égal, sa cousine Christiane voulait absolument une tête de hi-

bou pour sa toque de loutre, et le hibou se détachait
si bien sur le fond blanc du cadran !...

— Ah ! s'écria le régisseur en voyant approcher
le phaéton, M. le comte n'a pas amené son valet
de chambre ! Qui est-ce qui le servira ?...

— Eh ! mon cher Blampin, n'importe qui ! Je
ne viens pas pour longtemps.

— Pourvu encore que monsieur le comte soit
satisfait de la cuisine, la mère Jeanne est morte,
comme j'ai eu le plaisir de l'écrire à monsieur le
comte, et dame ! la nouvelle ne sait pas faire grand'-
chose !

— Ça ira toujours. Qu'y a-t-il pour déjeuner ?...

— Des œufs à la coque, un poulet au gros sel et
un fromage à la crème ; ma femme a un peu aidé.

— Eh ! mais, c'est parfait, dites à la fille de cuisine de me servir tout de suite, je meurs de faim.

Un instant après la remplaçante de la mère
Jeanne entrait dans la salle à manger.

De taille moyenne, bien prise, ronde et potelée,
la poitrine en avant, le menton un peu levé et les
yeux brillants, elle s'avançait sans gaucherie, tendant à Pierre le plat d'argent sur lequel étaient les
œufs qu'il ne pensait pas à prendre. Il la regarda
saisi, stupéfait de rencontrer un pareil produit sur
ses terres.

— Ça ! un fille de Verbois ! Pas possible !

Tout en elle était pimpant; la coiffe de mousseline aux grandes ailes transparentes était posée coquettement en arrière sur ses cheveux blonds, le tablier à bavette, bien tendu, le fichu noué haut, avantageait la poitrine.

— Est-ce que vous ne voulez pas d'œufs? dit-elle enfin, fatiguée de rester le bras tendu.

Pierre prit le plat, sans se rendre compte de ce qu'il faisait, et demanda :

— C'est vous qui êtes la nouvelle fille de cuisine?

— Oui, m'sieu l'comte.

— Comment vous appelez-vous?

— Céphise.

— Ah! Céphise; un joli nom! Et c'est vous qui allez me servir?

— Mais oui, m'sieu l'comte, seulement j'vas faire bien du bruit, rapport à mes sabots.

— Du tout, c'est charmant, au contraire, les sabots! Ça n'a pas des talons Louis XV, les sabots!

— Plaît-il?...

— Rien. Quel âge avez-vous, Céphise?

— Vingt ans aux raisins, m'sieu le comte.

Pierre s'était décidé à manger ses œufs. L'immense salle à manger aux vieilles tapisseries, aux bahuts couve d'argenterie, était illuminée par un grand feu de fagots qui projetait partout des ombres tremblantes et mettait des lueurs toutes roses sur cette belle fille fraîche, debout près de lui, les bras pendants et le sourire aux lèvres.

Pierre pensait : « Elle est tout simplement charmante!... »

— A présent, Céphise, je mangerais bien du poulet.

Elle partit en courant, claquant drôlement ses sabots.

— Savez-vous découper un poulet? demanda Pierre lorsqu'elle revint.

— Jamais j'n'en ai découpé, m'sieu l'comte, vu que, jusqu'à présent, j' n'en ai vu q' des vivants; mais j'vas essayer, j' saurai p't'être.

Et, retroussant sa manche, elle découvrit un bras un peu hâlé, mais rond et ferme.

Pierre était de plus en plus rêveur.

— Céphise, dit-il tout à coup, savez-vous remonter une pendule?

— Quoi qu'vous dites?

— Remonter ça?

— Ah! une horloge, fallait l' dire. Pourquoi q'vous m' demandez ça?

— Parce que celle-ci est arrêtée, je crois.

— Ah! bien, j' vais appeler M. Blampin, c'est lui qui...

— Il est inutile de déranger Blampin, remontez-la vous-même.

— Attendez alors, pendant qu' vous mangerez vot' poulet.

La pendule de Boule était placée au-dessus d'un des dressoirs. Pierre alla lui-même tirer une chaise en faisant signe à Céphise d'y monter.

— Ah, oui! J' suis pas assez grande, dit-elle.

Et, quittant ses sabots, elle grimpa lestement sur le dressoir. De là, elle montrait à Pierre ce qu'il voulait voir, et ce qu'elle lui montrait était, ma foi, charmant.

Les bas bleus dessinaient des jambes solides, nerveuses, droites, avec le mollet placé haut; les chevilles étaient bien un peu lourdes, mais le pied, déchaussé, n'était réellement pas trop grand.

— Étonnante cette fille-là ! murmura Pierre.

— J' crois qu' ça y est, m' sieu l' comte?

— Pas tout à fait, tournez encore.

— Mais ça n'veut plus !

— Allez tout de même.

Un crrrr.. prolongé se fit entendre.

Céphise, effarée, sauta à terre.

— Elle est cassée, m'sieu l'comte !

— Ça ne fait rien. Est-ce que vous vous plaisez au château ?

— J' n'y suis que d'puis hier, mais j' m'y plairai.

— Je l'espère.

— M'sieu l'comte est ben honnête; j'vas chercher l' fromage.

Et pendant ce temps, Pierre se dit :

— Il y a longtemps que je n'ai rencontré une
créature aussi appétissante. Physiquement, elle
vaut cent fois mieux que cette mijaurée de marquise, et pas de stage... L'ennui, c'est qu'elle soit
précisément de mon village. Si je me distrais, ça va
faire du potin dans le pays, ça n'est pas douteux.
L'emmener, je n'y songe pas. Je ne... Non, je voudrais seulement oublier Georgette, mais là, complètement, car c'est bête à avouer, mais depuis que
je la connais, je... Ah! cette petite paysanne, c'est
jeune, c'est sain, parlez-moi de ça. Pas de parfums
capiteux, pas de gardenias!... Quand j'aurai passé
huit jours ici, je serai guéri. Je pense qu'elle com-
prendra; à vingt ans, et tournée comme ça, on a
déjà dû... Ce n'est pas très convenable ce que je
projette là, chez moi, où je devrais donner l'exemple. Bah! je vais toujours la faire parler.

Céphise rentrait, apportant le fromage.

— Ma chère enfant, lui dit Pierre, asseyez-
vous là et causons.

— Que... nous...

— Que nous causions... Oui, je veux que vous

me racontiez... Voyons, vous allez être bien franche avec moi et me raconter votre histoire. Voulez-vous?

Céphise devint pourpre.

— Mon histoire, dit-elle en regardant Pierre sournoisement; laquelle?

— Comment, laquelle?

— Eh oui? Pourquoi voulez-vous que j'vous raconte ça, m'sieur l'comte? c'est m'sieu Blampin qu'a parlé, ben sûr. Il m'avait tant promis qu'y n'dirait rien!

— Oh! oh! pensa Pierre, elle en est là! Et moi qui, un peu plus, allais avoir des remords! Et il continua:

— Blampin ne m'a pas dit un mot, ma chère petite; ne me racontez rien, puisque cela vous ennuie.

— Alors m'sieu l'comte me garde?

— Sans doute.

— Tancrède aussi?

— Qu'est-ce que c'est que ça « Tancrède »?

— C'est l'*beurger* de m'sieu l'comte.

— Tancrède, Céphise! Mes vassaux ont des noms bien comme il faut. Je garde aussi Tancrède; Blampin m'a écrit que vous allez l'épouser.

— Oui, m'sieu l'comte, nous sommes publiés.

— Et... vous l'aimez, Tancrède?

— C'est point déjà que j'l'aime, mais...

— Mais?

— C'est que j' veux m'marier maintenant et qu'y veut bien. Ah! il est point beau, Tancrède!

— Vraiment?

— Ni point propre non plus!

— Ah! dit Pierre satisfait, vous tenez à ce que l'on soit propre?

— Oui, j'aime point les habits sales, il a toujours ses habits sales, Tancrède, ses mains aussi. On doit se laver les mains.

— On doit se laver partout, vous avez raison.

— Oh! m'sieu l'comte, partout! j'lui d'mande point ça, ben sûr. C'est les mains seulement que j'dis; il les a toujours sales, oh! mais sales comme des pieds!

Pierre est retombé à plat dans la réalité; il a reculé sa chaise et appelé Blampin, auquel il a donné ses ordres pour remplacer les arbres verts et *Joseph*, le taureau rouge.

A trois heures, il a repris le train et est rentré à Paris.

Le soir il était chez Georgette et enfonçait avec délices son nez dans les gardenias du petit salon.

LE NUAGE

I

Trois heures d'i matin. Dans un coupé.

LE COMTE DE PROVENCE. — Grand, mince, très élégant. Quarante ans environ. Peu de cheveux, mais des dents superbes. Air légèrement mélancolique.

XAINTRAILLES.

XAINTRAILLES. — Veux-tu un cigare ?

LE COMTE DE PROVENCE, *absorbé.* — Non, merci.

XAINTRAILLES. — Qu'est-ce que tu as donc ? Tu es tout drôle... Est-ce que tu serais amoureux, par hasard ? Eh ! parbleu ! suis-je assez bête ?... tu n'as pas quitté madame d'Hoasys un instant !... Tiens, tiens, tiens !...

LE COMTE DE PROVENCE. — Eh ! bien, oui, je suis amoureux, pourquoi m'en cacherais-je ? Je suis amoureux comme je ne l'ai pas été depuis vingt ans, comme je croyais ne plus l'être jamais. Depuis que j'ai rencontré cette adorable petite créature, ma vie a changé du tout au tout. Je suis

content, heureux ; je me sens vivre, encore un peu
et je deviendrais gai! Dès qu'elle paraît, mon
cœur bat plus vite, ma langue s'embarrasse, et
moi, si froid, si maître de moi d'ordinaire, je
perds la tête et je dis des bêtises lorsque je viens à
parler.

XAINTRAILLES, *très étonné.* — En effet, cela sort
diablement de tes habitudes, tout ce que tu me ra-
contes-là... et c'est madame d'Hoasys qui a fait ce
miracle ?

LE COMTE DE PROVENCE. — Oui, c'est elle. Je n'ai
jamais rencontré aucune femme qui pût lui être
comparée. Depuis quinze ans que je parcours
l'Europe, j'ai connu des femmes de tous les pays,
et, grâce à ma carrière, j'ai toujours vu... de près ce
qu'il y avait de mieux? eh! bien, tout cela n'arrive pas à la cheville de madame d'Hoasys !

XAINTRAILLES, *de plus en plus surpris.* —Vraiment ?

LE COMTE DE PROVENCE. — Il faut que vous
soyez tous aveugles pour ne pas être à ses genoux.
Du reste, ce n'est pas moi qui vous reprocherai
votre manque de clairvoyance... Je m'étais toujours dit que, quand je trouverais ce qu'il me faut,
je me marierais ; j'ai trouvé, et...

XAINTRAILLES, *ahuri.* — Tu te marierais, toi ?

LE COMTE DE PROVENCE. — Et pourquoi pas ?

XAINTRAILLES. — Et tu épouserais madame d'Hoasys?

LE COMTE DE PROVENCE. — Certainement, si elle veut bien me faire cet honneur.

XAINTRAILLES. — Mon pauvre ami, tu me fais de la peine.

LE COMTE DE PROVENCE. — Ah ! tu n'admets pas qu'on se marie, et je comprends cela. Tu ne quittes jamais Paris et tu as... voyons, combien ?... cinq ou six ans de moins que moi ; mais pour un diplomate, il est nécessaire de se marier ; lorsqu'on est destiné à errer toujours au loin, c'est le seul moyen qu'on ait d'emporter avec soi un tout petit peu de la France... Quel amour de petite ambassadrice elle fera !...

XAINTRAILLES. — Quand tu seras ambassadeur.

LE COMTE DE PROVENCE. — Je le deviendrai.... si je suis marié...

XAINTRAILLES. — Mais qu'est-ce qui peut te séduire ainsi? Madame d'Hoasys est jolie, mais, enfin, il y avait là ce soir au moins une douzaine de femmes qui l'étaient plus qu'elle ; elle est intelligente, mais... sans excès...

LE COMTE DE PROVENCE. —Ce qui me séduit surtout en elle, mon ami, c'est son absolu désintéressement des petites choses, son profond mépris du terre à terre. Je suis un rêveur, moi, et c'est la pre-

mière femme à laquelle je vois comprendre la vie
comme je la comprends. J'ai connu des Russes ra-
paces, des Italiennes fanatiques, des Allemandes
voraces, des Anglaises abominablement pratiques
et des Françaises qui étaient à la fois tout cela. Ces
êtres-là me font horreur ! Ils peuvent être beaux
agréables, procurer du plaisir pendant un jour,
pendant un mois même à la rigueur ; mais la pensée d'unir mon existence à celle d'une femme de ce
genre ne m'est jamais venue. Madame d'Hoasys, au
contraire, plane au-dessus de tout ; elle vit sans
s'en rendre compte. Les mesquines préoccupations
des autres femmes lui sont totalement inconnues ;
l'argent lui est indifférent, et je suis convaincu
qu'elle n'a jamais payé une note elle-même. J'ai
dîné près d'elle et je parierais qu'elle ne se doutait
pas de ce qu'on lui servait ; enfin, ce type étrange
m'a absolument tourné la tête ; je veux épouser
cette délicieuse petite « Reine Mab », et je n'ai
qu'un regret, c'est de ne pouvoir lui offrir un
cadre, ou plutôt un nuage digne d'elle.

XAINTRAILLES.— Il est fou, ma parole !... Voyons,
as-tu déjà offert... le nuage ?

LE COMTE DE PROVENCE. — Pas positivement...
Je me suis contenté de tâter le terrain en tremblant.

XAINTRAILLES. —En tremblant ? eh bien, rassure-toi, l'éboulement n'est pas à craindre. Sapristi ! elle doit frémir à la pensée qu'une tuile peut te tomber sur la tête ou que tu peux être écrasé par un omnibus avant la conclusion de... l'affaire...

LE COMTE DE PROVENCE. — Bah ! elle se soucie bien de moi !...

XAINTRAILLES. — De toi, je ne t'affirmerai pas qu'elle en soit folle, mais de tes cent mille francs de rente, de ton titre, de ton grade, de tes décorations, car tu es couvert de plaques, mon ami ; je te regardais ce soir, tu luisais comme un soleil !... Eh bien, je te promets que la petite d'Hoasys est extrêmement sensible à toutes ces choses, et que...

LE COMTE DE PROVENCE. — Tu rêves. Puisque je te dis que cette jeune femme plane au-dessus de ces pauvretés-là...

XAINTRAILLES. — Diable ! tu appelles ça des pauvretés, toi ? Enfin, soit. Donc, c'est parce que tu présumes que madame d'Hoasys « plane » que tu veux l'épouser ?...

LE COMTE DE PROVENCE. — C'est pour cela surtout.

XAINTRAILLES. — En sorte que si elle ne planait pas, tu ne l'épouserais pas ?...

LE COMTE DE PROVENCE. — Mais... sans doute, je...

XAINTRAILLES. — Ça veut dire : « pas le moins du monde », ce « sans doute » péniblement articulé. Non, j'aurais beau te répéter sur tous les tons

5.

que ta « Reine Mab » est avide, joueuse, etc., etc.,
tu n'en croirais pas un traître mot, je préfère te la
montrer au naturel.

LE COMTE DE PROVENCE. — Qu'est-ce que cela
signifie ?

XAINTRAILLES. — Si tu consens à me suivre où
je te conduirai, tu ne douteras plus. Ah ! par
exemple, il faudra te déguiser, te faire une tête ; si
l'on te reconnaissait, tout serait manqué, et puis,
d'ailleurs, tu n'entrerais pas... Oh ! les ordres sont
très sévères... Moi, j'entre tout juste, mais un inconnu, de ta mine surtout...

LE COMTE DE PROVENCE. — Veux-tu m'expliquer ?...

XAINTRAILLES. — Demain, mon ami, demain,
fais-toi la plus sale tête que tu pourras : favoris
courts et touffus, cheveux en bandeaux sur le front..
ça te changera beaucoup... les bandeaux sur le front.
Un diamant à ta cravate, un costume d'un goût
douteux, des bagues et un carnet en peau de requin. N'oublie surtout pas le carnet en peau de
requin, c'est indispensable. Demain matin, je t'en
verrai un petit papier que tu apprendras par cœur
et puis je te conduirai à la répétition... ce sera
plus sûr... et si tout marche à souhait, je te ferai
voir ta « Reine Mab » à l'heure où elle descend de
son nuage.

II

• Le lendemain. Place de la Bourse. Il est deux heures et demie.

LE COMTE DE PROVENCE. — Complet à grands carreaux d'un mauvais magasin anglais. Favoris d'un blond ardent ; cheveux plus foncés en bandeaux à la Capoul. Un monocle *sans cordon*. Cravate de satin gris-perle, épingle de turquoise entourée de diamants. Guêtres très claires. Dans la poche de côté, un carnet en peau de requin « bien apparent ».

XAINTRAILLES.

XAINTRAILLES. — Eh bien, as-tu compris un peu *(montrant la Bourse)* ce qui se fait et se crie là dedans ?

LE COMTE DE PROVENCE. — Pas un mot ; c'est à peine si, quand mon notaire m'explique pendant une heure un placement, je parviens à comprendre ; tu penses bien que ces vociférations que j'entends pour la première fois sont pour moi lettre close...

XAINTRAILLES. — Enfin, tu as bien retenu quelques mots ? des noms de valeurs ?... des cours ?

LE COMTE DE PROVENCE. — Chaque fois que j'ai pu saisir un mot au vol, je l'ai écrit sur mon carnet... le cours aussi... quand je l'ai entendu...

XAINTRAILLES. — C'est parfait ; avec cela, ce que je t'ai écrit sur ton petit papier, ce que je te dirai, et de l'aplomb, tu peux marcher ; c'est qu'il est très important de lui parler pour bien la juger dans le feu de l'action.

LE COMTE DE PROVENCE. — A elle ? Je n'oserai jamais ! Si elle allait me reconnaître ?

XAINTRAILLES. — Fait comme tu l'es !... Impossible ! D'ailleurs il fait très sombre dans cette turne et elle ne songe guère à toi, je t'en réponds. (*Ils entrent dans une maison située rue de la Bourse.*) Allons, attention ! Nous y voilà. De l'aplomb, mon ami, beaucoup d'aplomb. Regarde-toi dans la glace en entrant, ça te rassurera d'abord, et puis tu contempleras l'image d'un homme ayant couru un grand danger, et qui grâce à un ami sûr...

LE COMTE DE PROVENCE. — Ah ! laisse-moi tranquille, je ne suis pas d'humeur à rire...

Xaintrailles sonne à une porte à l'entresol.
MADAME DE NACRE vient ouvrir.

— Tiens, Xaintrailles ! Quelles nouvelles, Xaintrailles ? (*Elle regarde avec méfiance le comte de Provence.*)

XAINTRAILLES, *le présentant.* — Monsieur Silbergroschen , un coulissier qui remplace Rabb, pour aujourd'hui seulement.

MADAME DE NACRE. — Ah ! est-ce qu'il est arrivé quelque chose à Rabb ?

XAINTRAILLES. — Non, il est un peu souffrant.

LE COMTE DE PROVENCE, *s'inclinant.* — Il est légèrement, très légèrement souffrant.

MADAME DE NACRE, *bas, à Xaintrailles.* — Heureusement que ce n'est que provisoire, car il m'a l'air d'un empaillé, le coulissier ! (*Elle les introduit dans le salon*).

Un grand salon démeublé ; sièges durs et fanés. Au milieu, grande table couverte d'un tapis vert. Sur la cheminée, pendule et candélabres. Sur la table, des carnets, des crayons, des assiettes de gâteaux, des verres et des bouteilles.

Enfoncée dans un fauteuil graisseux, MADAME D'HÒASYS écrit sur son genou, tandis que de sa main gauche elle mange à grosses bouchées un pain de foie gras.

Elle a une toilette légèrement défraîchie en satin prune et une pelisse de peluche loutre miroitée. Son chapeau est mal mis et ses cheveux moins bien arrangés que d'habitude.

Dans un coin, la MARQUISE DOUAIRIÈRE DE LAUBARDEMONT fait un besigue avec la jolie MADAME D'OUBLY. Pas très élégante non plus aujourd'hui, la jolie madame *d'Oubly ;* une robe de drap de soie bleu marin brodée de jais clair de lune et débrodée à beaucoup d'endroits.

Debout, devant la cheminée, MADAME MAC PETERS et DU HELDER font un compte qui semble très compliqué et ne

marche pas sur des roulettes, à en juger par les interjec-
tions qui échappent fréquemment à madame *Mac Peters*.

Dans l'appartement, vont et viennent en parlant haut et en
mangeant, le célèbre financier SINGKMANN, le banquier
CHEVREUIL, MADAME DE PRYFIX et plusieurs comparses sans
importance.

Tout cet ensemble présente un aspect fâcheux, accentué par
la présence de *la douairière de Laubardemont* qui décidément « marque mal ». De temps à autre, la respectable
dame interrompt son besigue pour demander le cours
d'une valeur. Selon la réponse obtenue, elle reprend son
jeu, ou appelle *Chevreuil*, qui s'éloigne à regret de madame *d'Hoasys*. Elle lui parle alors à l'oreille; ces petits
apartés sont quelquefois très longs. Madame *d'Hoasys*
dissimule mal son impatience.

Chevreuil est une source de renseignements précieux, et ces
dames se l'arrachent.

Cependant *le comte de Provence* ahuri est assailli de questions; il commence à perdre la tête; d'autant plus qu'il
ne peut quitter des yeux madame *d'Hoasys*. Il souffre de
voir ce bijou de femme dans un pareil milieu, mais qu'y
vient-elle faire, mon Dieu? et pourquoi sa toilette n'est-
elle pas plus soignée?

LA DOUAIRIÈRE DE LAUBARDEMONT, *à Xaintrailles.*
— Qu'est-ce donc que ce coulissier-là ?

XAINTRAILLES. — C'est M. Silbergroschen, qui
remplace Rabb indisposé!.

LA DOUAIRIÈRE DE LAUBARDEMONT. — Indisposé,
Rabb ?... Vous verrez qu'il aura encore fait la noce,
cette rosse-là !

LE COMTE DE PROVENCE, *suffoqué.* — Oh !

LA DOUAIRIÈRE DE LAUBARDEMONT, *au comte de
Provence.* — Dites-moi, jeune homme, que fait le
Gaz?

LE COMTE DE PROVENCE, *jetant un regard suppliant à Xaintrailles.* — Le Gaz, madame, le
Gaz... (*Saisissant le chiffre que Xaintrailles lui
envoie.*) 1.625, madame.

LA DOUAIRIÈRE. — Et le Dahira-Sanieh ?

LE COMTE DE PROVENCE, *voyant que Xaintrailles*

est loin et cherchant péniblement sur son carnet.
— Le Dahira Sanieh! nous disons le Da... da...
da... (*Il suit la colonne du bout de son doigt.*)

LA DOUAIRIÈRE. — Comment! vous ne savez pas
ça? (*Criant.*) A combien le Dahira?

DU HELDER, *interrompant son compte.* — 410!

LA DOUAIRIÈRE. — Merci, vous savez ça mieux
que les gens dont c'est le métier.

Le comte de Provence ne comprend pas et la regarde en souriant aimablement. Elle hausse les épaules et reprend son
bésigue.

MADAME D'HOASYS, *qui depuis un instant boude
Chevreuil, s'approche du comte de Provence et lui
pose la main sur le bras; il manque se trouver
mal de joie.* — Que dit le Suez?

LE COMTE DE PROVENCE, *ému.* — Elle est adorable!

MADAME D'HOASYS. — Hein?

LE COMTE DE PROVENCE. — Pardon! Vous demandiez?

MADAME D'HOASYS. — Le Suez?

LE COMTE DE PROVENCE, *prenant son petit carnet.*
— Le Suez... (*Il recommence à suivre le cours.*)
Suez... Suez... Suez... Ah! voici!... 2.175.

MADAME D'HOASYS. — Merci. Dites-moi, que
fait l'Union?

LE COMTE DE PROVENCE. — Mon Dieu, c'est un journal qui...

MADAME D'HOASYS, *stupéfaite*. — L'Union Générale.

DU HELDER, *de la cheminée*. — 2.510 fin courant... On demande des primes en liquidation à 2.500 dont 5 et 3.000 dont 10!

MADAME D'HOASYS, *au comte de Provence*. — J'ai envie de me mettre vendeur en me couvrant par une prime. Je crois qu'il y a plus à gagner à la baisse qu'à la hausse.

LE COMTE DE PROVENCE.— Mais... (*Xaintrailles voit son embarras et prend la parole.*)

XAINTRAILLES. — Moi, je vous conseille de vendre tout simplement; cette *Union* ne montera pas éternellement...

LA DOUAIRIÈRE, *se dressant*. — Et pourquoi ça?

MADAME MAC PETERS. — Parbleu! En liquidation, les reports seront horriblement chers! Un bon arbitrage à faire, c'est de vendre *l'Union* et d acheter *la Timbale;* la dernière est à 1.200, et au moins on ne perdra pas davantage, tandis que l'Union...

LA DOUAIRIÈRE. — Eh bien, quoi, l'Union?

DU HELDER. — Madame Mac Peters a raison. Moi, vieux dans la boutique, j'ai vu 600 francs de baisse en un jour sur le Crédit Mobilier Espagnol... et puis, je ne sais pas, mais... je n'ai plus confiance...

MADAME D'HOASYS, *reprenant le comte de Provence à partie.* — Je viens de voir Pondor et il m'a dit que notre grand prêtre l'avait engagé à charger à fond, lui disant que, si la liquidation n'était pas superbe, il réglerait pour lui...

LE COMTE DE PROVENCE. — ...

CHEVREUIL. — Oui; c'est possible. Voici comment ça va se passer : Pondor se fera régler ses différences par votre grand prêtre, mais le grand prêtre empochera l'argent de tous les amis. Pondor aura dit qu'il avait d'excellents renseignements et que c'était de l'argent sûr...

MADAME D'HOASYS, *reprenant un pain au foie gras et avalant un verre de madère.* — Moi, j'en suis malade; depuis ce matin je suis hésitante, je ne vis plus. (*Au comte de Provence.*) Le mois dernier, j'ai pris une culotte de 150.000.

LE COMTE DE PROVENCE. — Oh !

MADAME D'HOASYS. — Ça compte, hein? Je voudrais bien me refaire... On ne vit pas de l'air du temps, n'est-ce pas ? Voyons, vous êtes un nouveau venu, vous, ça va peut-être me porter veine?... Il est temps, car la guigne me poursuit que c'est un vrai collage...

LE COMTE DE PROVENCE, *saisi.* — Oh !!!

MADAME D'HOASYS, *la bouche pleine.* — Et le Turc ? Bien que nos principes s'y opposent, il a tellement baissé ! Quand il ne devait rien donner, il a fait 18 francs ; maintenant qu'il doit donner 1 %, il ne fait plus que 14.95. N'est-ce pas un bon placement, à votre avis ? Mais répondez-moi donc ?...

LE COMTE DE PROVENCE. — Mon Dieu... papiers pour papiers...

MADAME D'HOASYS, *allant à Xaintrailles.* — Il a l'air d'un crétin, votre protégé ?

LA DOUAIRIÈRE DE LAUBARDEMONT. — M. Silbergroschen ?

Le comte de Provence ne bouge pas.

LA DOUAIRIÈRE, *criant.* — M. Silbergroschen ! Ah çà, il est sourd : Il a tout pour lui, alors !

XAINTRAILLES, *le poussant.* — Mais va donc !

LE COMTE DE PROVENCE, *s'approchant, la bouche en cœur.* — Madame...

LA DOUAIRIÈRE. — Que fait le Bingham ?

XAINTRAILLES, *lui soufflant.* — 21 !

LE COMTE DE PROVENCE, *répétant.* — 21.000 fr. !

LA DOUAIRIÈRE. — Vous dites ?

LE COMTE DE PROVENCE, *se reprenant.* — 21, madame.

LA DOUAIRIÈRE. — A la bonne heure, j'avais cru... Et les autres valeurs ? qu'avez-vous entendu dire ?

LE COMTE DE PROVENCE, *faisant un effort surhumain pour se rappeler ce qu'il a entendu crier.* — Les Résidus de Bordeaux font 4 francs, je crois...

LA DOUAIRIÈRE, *indignée.* — Vous vous moquez de moi, monsieur.

LE COMTE DE PROVENCE, *protestant.* — Je vous jure, madame, que j'ai entendu des vieilles dames... des vieilles dames très bien... assises sur des chaises, qui criaient : l'Alliance... à je ne sais plus combien, et les Résidus de Bordeaux à 4 francs. Je ne vous dis pas que l'on peut faire des opérations sur une grande échelle avec ces deux valeurs, mais...

LA DOUAIRIÈRE, *exaspérée, croyant à une allusion entre elle et les vieilles dames.* — Assez, monsieur, assez.

Le comte de Provence s'éloigne consterné. A ce moment arrivent de Namur et Pondor qui apportent des nouvelles; elles sont désastreuses !

La jolie madame d'Oubly pleure sur les marques de bésigue.

Madame d'Hoasys, la figure congestionnée, les cheveux collés aux tempes, apprend qu'elle perd 95.000 à la liquidation; elle boit coup sur coup deux verres de madère pour se remettre, et dit d'une voix enrouée :

— La veine sera pour le mois prochain, espérons-le, ô mon Dieu !

Chevreuil la regarde avec tendresse, en disant :

— Elle a tout de même un rude estomac ! Quelle belle joueuse

Le comte de Provence descend en chancelant l'escalier et, remonté en voiture, se jette dans les bras de Xaintrailles en le remerciant de l'avoir mené par la main au bord du gouffre. Il a vu et bien vu la « Reine Mab » descendue de son nuage, et descendue Dieu sait jusqu'où !

ON NE SONGE PAS A TOUT

I

PRÉLIMINAIRES

A Monsieur de Volontey.
Rue de Grenelle-Saint-Germain, Paris.

5 avril.

Cher monsieur, je viens vous recommander mon fils. Il se présente au Club, c'est moi qui l'y ai engagé, et je serais désolé que, par ma faute, il eût cette grosse déception d'être refusé. Vous qui faites la loi, soyez assez bon pour employer votre autorité en sa faveur et recevez, cher monsieur, mes remerciements et l'assurance de mes sentiments affectueux.

CANDÔLE.

A Monsieur le général de Tulvert.
Avenue Bosquet, Paris.

5 avril.

Mon vieux camarade, Bernard a terminé son volontariat et il va se présenter au Club.

Je sais bien que tu ne me pardonnes pas de l'avoir empêché d'être militaire, mais, que veux-tu, ça n'était pas dans mes idées ; je trouve le métier des armes admirable en temps de guerre, mais idiot en temps de paix.

J'aurais souffert de voir mon petit Bernard s'abrutir dans les garnisons à faire l'instruction des recrues, tout en confiant aux cocottes indigènes le soin de faire la sienne.

A cette vie-là, on est fini à trente ans (du moins, moralement), à moins que, comme toi, on ait le feu sacré, qu'on adore le métier et qu'on surnage, ou que, comme moi, on sente qu'il faut donner sa démission avant l'encrassement complet de toutes les facultés.

Si je t'ennuie de tout cela, c'est parce que je crains que, tenant en main tout l'élément militaire du Club, tu l'emploies à blackbouler cet affreux pékin qui se met sur les rangs. Je ne te demande pas de lui être favorable, c'est trop, je te supplie seulement de rester neutre.

C'est un sacrifice que .j'attends de ta vieille amitié.

Je te serre bien fort la main.

CANDÔLE.

A Monsieur le marquis de Bonvouloir.
Avenue Gabriel, Paris.

5 avril.

Mon cher André, votre vieux parrain du Club vous demande pour son fils les voix de la jeune bande dont vous êtes le grand chef. Bernard a vingt et un ans; il a passé du collège à l'école de droit et de l'école au volontariat, c'est vous dire qu'il a encore grand besoin d'indulgence. J'espère, du reste, qu'il se fera vite; sans avoir rien de remarquable, il est gentil.

Merci d'avance, et bien à vous.

CANDÔLE.

A Madame la princesse d'Aiguillon.
Parc Monceau, Paris.

5 avril.

Chère belle dame, vous rappelez-vous le petit Bernard pour lequel vous étiez si bonne autrefois? Si oui, voulez-vous le prendre sous votre haute

6

protection, en souvenir de l'amitié que vous aviez pour moi?

Il se présente au Club; si vous *tenez* à ce qu'i oit *reçu*, « il le sera ».

Comme vous êtes aussi fine que jolie, je n'ai pas besoin de vous expliquer ce qu'il faut faire pour cela, n'est-il pas vrai? Quoique je sois un ami « d'il y a bien longtemps », j'ose compter qu'un bon souvenir du temps passé vous fera reporter sur l'enfant un peu de la bienveillance que vous avez daigné témoigner au père.

Espérant en vous, chère madame, le plus fidèle de vos adorateurs vous demande la permission de baiser les plus belles mains du monde.

HENRY.

A Monsieur le comte de Chastenay.

Château de Mesnil-sous-Bois.

5 avril.

Mon cher ami, j'accepte avec grand plaisir votre invitation pour la semaine prochaine, et, comme je connais votre hospitalité, je sollicite de madame de Chastenay et de vous l'autorisation d'amener mon fils Bernard qui arrive de son régiment. Nous le présentons au Club, et vous seriez bien bon d'user en sa faveur de votre toute-puissance, et de dire un mot de lui à vos amis.

Présentez mes respectueux hommages à madame de Chastenay, et recevez mes meilleures amitiés.

CANDÔLE.

A Monsieur Tom Tarblett.

Avenue Montaigne, Paris.

5 avril.

Je vous prie, monsieur, de ne pas livrer à mon fils, « avant le 15 mai », la paire de chevaux et la jument irlandaise que j'ai choisis à Londres pour lui.

Il viendra les demander plus tôt; donc, prenez vos mesures pour qu'ils n'arrivent pas avant cette époque, « j'y tiens absolument ».

Recevez, monsieur, mes salutations.

DUC DE CANDÔLE.

A Madame Jane d'Arques.

Paris, avenue du bois de Boulogne.

5 avril.

Mademoiselle, connaissant par ouï-dire la subtilité de votre esprit, je vais vous présenter une

requête que vous comprendrez à demi-mot, j'en
suis certain.

Je n'ai nullement le désir d'entraver les projets
de mon fils, que je félicite, au contraire, de son
bon goût; seulement, pour des raisons trop longues
à vous expliquer, il est nécessaire que pendant un
mois vous quittiez Paris. Si, comme je n'en doute
pas, vous cédez à ma prière, en arrivant à Nice (je
crois que par ce froid c'est l'endroit à choisir), vous
pourrez toucher un chèque de 1.000 louis que
j'envoie à mon banquier, à votre intention.

Je vous prie, pendant ce temps, de ne parler à
personne de Bernard; au retour, vous en parlerez
tant que vous voudrez.

J'espère que vous serez discrète, et je ne l'oublie-
rai pas.

Recevez, mademoiselle, l'expression de ma sincère admiration pour votre beauté.

DUC DE CANDÔLE.

II

Pendant la chasse.

Dans une allée de la forêt à Mesnil sous-Bois.

BERNARD ET SON PÈRE

— Ah! je suis content de te retrouver, papa, je ne pouvais me débarrasser du marquis. Il est assommant. C'est la troisième fois qu'il me raconte l'histoire de son coup double.

— La troisième fois seulement! Mais moi, je l'ai entendue cinquante, sans compter les autres. Ah! je te préviens que quand tu vas être du Club, tu l'écouteras encore quelquefois, cette histoire-là. C'est une vieille amie pour nous, elle nous crispe, mais elle nous manquerait. Vois-tu, mon cher enfant, il faut apprendre à *écouter ;* c'est important, c'est un talent que tu n'as pas du tout, et au Club...

— Au Club? n'ai-je pas tort de m'y présenter? D'après tout ce que tu me dis, il est si difficile d'y entrer, et j'ai si peu de chance!...

6.

— Oui, mais tu comptes sans ton père, mon
garçon. Fie-toi à lui pour prendre toutes les mesures nécessaires à ta réception.

— Je suis si peu connu !...

— Eh! tant mieux! si tu étais connu, tu serais
certainement refusé.

— Ah !...

— Ce que je te dis là, mon petit Bernard, n'a
rien de désagréable. Écoute-moi bien. D'abord tu
es joli garçon, bien planté, vigoureux. On déteste
ça. Mais on t'a si peu vu jusqu'à présent, qu'on n'a
pas eu le temps de s'en apercevoir.

— Mais pourtant...

— Laisse-moi donc achever. Tu vas avoir des
chevaux superbes, mais on ne te les a pas encore
vus. Je me suis arrangé pour que tu n'entres en
possession que plus tard.

— C'est donc ça, que Tom m'a conté je ne sais
quelle histoire de retard...

— Ce n'est pas tout, tu as déniché à Biarritz, ou
je ne sais où, une fille admirable qu'on m'a montrée; grâce à ce que j'ai la faiblesse de te donner, tu peux l'équiper, pas mal du tout, et le jour
où elle paraîtra, ce sera une révolution; or...

— Si c'est ça qui t'inquiète; elle m'a planté là,
ainsi...

— Sois tranquille, elle reviendra; c'est moi qui

l'ai priée de s'absenter quelques semaines, c'était absolument important; au Club, on a horreur des trouveurs. Enfin, tu n'es pas bête, il s'en faut; mais ta diable de timidité a fait croire à beaucoup de gens que tu l'es; c'est excellent! Tâche de le leur laisser croire jusqu'au vote, tu te rattraperas après. Vois-tu, mon cher enfant, l'esprit est la seule chose qu'on ne laisse jamais entrer volontairement dans ce paradis auquel tu aspires; on ferme les yeux sur bien des imperfections, jamais sur celle-là.

— Tu n'aimes pas le Club?

— Je ne l'aime plus; il n'est plus lui, ou je ne suis plus moi, je ne sais pas trop.

— Quelle heure est-il?

— Tu en as assez, hein! de la chasse? Tu aurais voulu rester à tenir compagnie à certaine châtelaine de ma connaissance?

— Mais non, je...

— Ne t'en défends donc pas! C'est de ton âge, que diable! Seulement, cette fois-ci, ce serait dangereux. Madame de Chastenay te trouve très à son gré, c'est facile à voir. Or, toutes les fois que notre aimable hôtesse trouve quelqu'un à son gré (ce qui est fréquent), elle ne le lui envoie pas dire... Tu comprends? Chastenay est très influent et il serait maladroit de donner suite à l'aventure en ce moment, où il peut beaucoup pour ou contre ton

élection. C'est moi qui ai demandé à Chastenay de
t'amener chez lui, et tu me désobligerais beaucoup,
en faisant à sa femme plus qu'une cour de bon
goût.

— Mais c'est qu'elle...

— Je sais bien, je la connais de longue date...
Eh bien! mon petit Bernard, va-t'en plutôt sous un
prétexte quelconque, mais, je t'en prie, ne te laisse
pas compromettre par la comtesse. Ce serait un
mauvais début, crois-moi.

— Papa, je la rencontre partout, dans le parc,
dans le billard, dans les corridors...

— Je sais, je sais, mon ami...

— Dis donc, papa? est-ce que toi aussi, tu?...

— Non, non! Oh! si cela était, je te le dirais, ça
lui fait plaisir ainsi... mais non, jamais!

— Quel âge a-t-elle?...

— Heu! heu! je croirais assez qu'elle est de l'autre
côté de quarante ans.

— Mais enfin, je vais avoir l'air très sot, moi,
avec cette femme... d'expérience.

— Tant mieux! tant mieux! Plus tu auras l'air
bête, mieux cela vaudra; jusqu'à la fin du mois,
s'entend! Donc, récapitulons. Sois bien aimable
pour tous les vieux piliers du Club qui sont ici,
et pas trop aimable pour la châtelaine. C'est convenu.

III

Madame la princesse d'Aiguillon à Monsieur le duc de Candôle.

Paris, 16 mars.

Bernard est refusé; je l'apprends à l'instant et je suis consternée. Tous les influents m'avaient promis qu'il serait reçu très facilement.

Je vous en prie, ne m'accusez pas de négligence; le jour même où j'ai reçu votre lettre, je me suis mise en campagne. C'est Chastenay qui est venu se jeter en travers, et je vous jure qu'il me paiera la vive contrariété que j'éprouve.

Voici ce qu'on raconte :

Bernard a, paraît-il, fait une cour active à madame de Chastenay pendant son séjour à Mesnil-sous-Bois. Chastenay l'a su, et a cru devoir s'en inquiéter plus qu'à son ordinaire, car enfin, le Club serait vide s'il avait empêché d'y entrer tous les gens *remarqués* par cette bonne comtesse.

Croyez bien à tous mes regrets et à ma sincère amitié.

BÉRANGÈRE.

Candôle fit appeler son fils.

— Tu es refusé?

— Je le sais...

— Fort bien!... Tu sais aussi pourquoi?...

— Non.

— Je vais te l'apprendre; cela te servira, j'espère, de leçon et, une autre fois, tu suivras peut-être mes conseils.

— Mais, papa...

— Il n'y a pas de « mais papa... » J'ai quarante-cinq ans, mon enfant: c'est, par conséquent, vingt-quatre années d'expérience que tu n'as pas. Or, si tu m'avais écouté, tu serais reçu.

— Pourtant, papa, j'ai fait tout ce que tu m'as dit de faire, et...

— C'est moi qui t'ai dit de faire la cour... et même mieux... à madame de Chastenay?

— Non certes, mais...

— Mais tu as suivi ton idée, n'est-ce pas? Tu as eu peur que cette vieille coquette se moquât de toi et tu as passé par où elle a voulu!

— Mais, papa, permets, depuis le jour où tu m'as dit d'éviter madame de Chastenay, je t'ai absolument obéi; je ne faisais plus un pas tout seul. Même dans les corridors, je...

Candôle tendit à son fils la lettre qu'il venait de recevoir.

— Eh bien! dit tranquillement Bernard après l'avoir lue, je te donne ma parole d'honneur que cela n'est pas! J'ai suivi religieusement tes conseils à cet égard; mais, à te dire vrai, j'ai vu la comtesse à la fin si dépitée que je la crois capable, pour se venger, d'avoir raconté tout différemment les choses à son mari.

—Quel éclair! Chastenay, prévenu par sa femme, a été forcé de te jouer ce mauvais tour... Mais, au moins, tu me jures...

— J'ai fait ce que tu m'as dit, rien que ce que tu m'as dit.

— Ah! mon pauvre Bernard, avec toutes ses précautions, ton père s'est conduit comme un imbécile.

— Oh! papa, je ne dis pas ça.

— Tu le penses, c'est bien pis! Et de fait, si je t'avais laissé suivre ton inspiration, tu aurais été, le lendemain de notre arrivée, l'amant de madame de Chastenay. Chastenay n'en eût rien su, et aujourd'hui tu serais du Club.

X... TOUT COURT!

Pendant un bal. Dans la serre.

LA PRINCESSE. — Grande, mince. Poitrine et bras superbes. Cheveux noirs, teint rose, bouche gourmande, yeux moqueurs. Pas de bijoux, rien dans les cheveux; à l'épaule, bouquet de lilas blanc.

MONSIEUR X...

LA PRINCESSE. — Ne trouvez-vous pas qu'il fait une affreuse chaleur dans le salon ?

MONSIEUR X... — Je suis extrêmement flatté. Asseyons-nous là, voulez-vous ?

LA PRINCESSE. — Flatté de quoi ? Pourquoi ne répondez-vous pas à ce que je vous dis ?

MONSIEUR X... — Vous me dites : « Il fait, dans le salon, une affreuse chaleur... »

LA PRINCESSE. — Oui, eh bien ?...

MONSIEUR X... — Eh bien, je traduis ça : « Monsieur X..., je m'ennuie de tout mon cœur, venez donc me faire la cour dans la serre... »

LA PRINCESSE. — Par exemple!...

MONSIEUR X... — Alors, comme je suis un homme pratique, au lieu de vous répondre : « Comment donc! mais la chaleur est étouffante, en effet, » je vous dis : « Je suis flatté que vous m'ayez choisi, » et je vais tâcher de m'acquitter de mon mieux de la mission que vous voulez bien me confier.

LA PRINCESSE. — Vous êtes fou.

MONSIEUR X... — Du tout. Je suis extraordinairement sensé, au contraire. Voyons, vous allez vous remarier, j'espère bien?

LA PRINCESSE. — Ne dites donc pas de bêtises, je suis encore en deuil.

MONSIEUR X... — Oh! vous savez, moi, les deuils auxquels on fait prendre l'air tant que ça...

LA PRINCESSE, *se récriant.* — Comment! prendre l'air tant que ça, mais il y a dix-huit mois que mon mari est mort...

MONSIEUR X... — Avouez que le temps vous a paru court.

LA PRINCESSE. — Vous avez l'air de croire...

MONSIEUR X... — Rien du tout; je suis fixé; d'ailleurs, pourquoi vous récrier, chère madame? Quoi de plus naturel? Les éternels regrets ne sont pas de ce monde, à preuve que c'est dans l'autre que les habitants du Malabar ont pris le sage parti d'envoyer pleurer la survivante. Eux seuls ont réussi à se faire vraiment regretter...

LA PRINCESSE. — Vous plaisantez des choses les plus tristes...

MONSIEUR X... — Pourquoi tristes? Voyons, croyez-vous que cet excellent prince avait toutes les joies que peut avoir un homme... marié, et ne pensez-vous pas comme moi que la Providence lui devait de fiers dédommagements pour lui faire oublier tous ses petits déboires?... Il doit être très heureux à l'heure qu'il est, et vous avez tort d'appeler ça « des choses tristes ». Il avait pas mal de défauts, des défauts choquants, sur lesquels il était impossible de fermer les yeux. Nous nous sommes toujours demandé pourquoi vous l'aviez épousé; c'est pour être princesse, n'est-ce pas? Était-ce un prince pour tout de bon, au moins ?

LA PRINCESSE. — Oh! quant à ça, oui! C'est même la seule chose sur la qualité de laquelle je n'aie pas été trompée...

MONSIEUR X... — La seule! fichtre! c'est peu! Et, dites-moi, chère madame, qu'avez-vous fait depuis le... départ du prince ?

LA PRINCESSE. — Mais je n'ai pas mené une vie très amusante, comme vous pouvez le penser... je me suis beaucoup ennuyée...

MONSIEUR X... — C'était inévitable au commencement... on ne peut pas rigoler comme ça tout de

suite... Mais ça doit tout de même sembler bon de
s'amuser seule, comme on l'entend, quand pendant
quinze ans on s'est ennuyée à deux, comme l'entendait l'autre.

LA PRINCESSE. — Il y a du pour et du contre.

MONSIEUR X... — Beaucoup de pour, hein ? C'est
que vous ne deviez pas être une femme commode,
vous ?

LA PRINCESSE. — Mais si. Je m'étais mariée si
jeune ; songez donc, j'avais quinze ans et demi.

MONSIEUR X... — On dit toujours ça quand on
est mariée depuis un certain temps. Je ne connais
que des femmes qui se sont mariées à quinze ans !
C'est une épidémie !

LA PRINCESSE.— Pourquoi le dirais-je, si ce n'était
pas vrai ? Je n'en ai pas moins trente-quatre ans,
ainsi...

MONSIEUR X... — Comment ! vous avez trente-
quatre ans ?... Comme le temps file, pourtant !...
Je me souviens encore de vous, en petites jupes
courtes... Un jour, j'allais faire une visite à votre
mère, qui était bien plus belle que vous, soit dit
en passant...

LA PRINCESSE, souriant. — Je sais. Eh bien ?
vous alliez faire une visite à ma mère, dites-vous ?

MONSIEUR X... — Oui, c'était à son jour, vous
étiez dans le jardin à faire du trapèze et vous criiez

à votre mère qui était dans le salon : « Maman, maman, v'là M. X...! J'disais bien qu'il arrivait toujours à l'heure où il n'y a personne! » Vous aviez des mollets superbes dans ce temps-là, avez-vous toujours des mollets comme ça ?

LA PRINCESSE.. — Quelle drôle de conversation!

MONSIEUR X... — Mais j'ai le droit de tout dire, moi, je suis un vieil ami.

LA PRINCESSE. — Ah! oui, parlons-en des vieux amis! Je connais ça, c'est ce qu'il y a de plus dangereux...

MONSIEUR X... — On dirait que vous en parlez par expérience ?

LA PRINCESSE. — Sans doute.

MONSIEUR X... — Vous devez avoir... expérimenté terriblement de choses?

LA PRINCESSE. — Expérimenté... superficiellement, oui!

MONSIEUR X..., *incrédule*. — Oh! superficiellement... seulement?

LA PRINCESSE. — Ah çà, dites-moi tout de suite que j'ai fait la « noce » ; pourquoi pas?

MONSIEUR X... — Je ne vous le reprocherais pas, vous savez.

LA PRINCESSE. — Vraiment? Allons, tant mieux! vous avez toutes les indulgences; mais, dans ce cas, votre indulgence est superflue...

MONSIEUR X... — Vous badinez.

LA PRINCESSE. — Êtes-vous assez impertinent!
Est-ce dans les cours étrangères que vous avez appris à parler aux femmes sur ce ton-là?

MONSIEUR X... — Ah! bigre, non! Du reste, on
n'en a même pas l'idée; si vous voyiez les vieux
trumeaux desquels il faut faire son ordinaire... Ça
fait frémir, rien que d'y penser, même quand on en
est à trois cents lieues.

LA PRINCESSE. —. Comment! les femmes de ***
sont si laides que ça?

MONSIEUR X... — Laides n'est peut-être pas le
mot, elles sont cent fois pires! des tailles de femmes
de chambre, au temps où les femmes de chambre
avaient de vilaines tailles, car à présent... des pieds
longs et plats, et fagotées avec cela! Non, vous
n'avez pas idée de ce que c'est; c'est au point que
je rage de n'avoir point une jolie femme à moi à
leur montrer pour leur faire voir ce que c'estqu'une
vraie femme...

LA PRINCESSE. — Qu'appelez-vous une vraie
femme?...

MONSIEUR X... — Mais... vous, par exemple!

LA PRINCESSE. — Moi? Je croyais que vous me
trouviez laide? tout à l'heure encore vous...

MONSIEUR X... — Parce que je vous ai dit que
votre mère était plus belle que vous? Eh! sans

doute! C'était une perfection! au point de vue plastique; mais elle avait malheureusement, cette petite pointe de pose et de ridicule qui a marqué toutes les jolies femmes du gouvernement de Juillet... Et puis, elle manquait de bonhomie, votre mère, elle m'intimidait profondément, tandis que vous, vous me m'intimidez pas du tout...

LA PRINCESSE. — Je m'en aperçois...

MONSIEUR X... — Vous me trouvez mal élevé?

LA PRINCESSE. — Affreusement. Mais ce n'est pas tout à fait votre faute. Il est convenu qu'on vous passe tout...

MONSIEUR X... — Oh! tout!... Si j'en étais sûr!...

LA PRINCESSE. — Avez-vous un long congé?

MONSIEUR X... — Je le saurai quand j'aurai causé de ça avec le gouvernement. A propos, il y a beaucoup de gens qui m'ont fait des têtes, ce soir, des têtes accentuées même... Est-ce parce que je suis resté quelque chose?

LA PRINCESSE. — N'en doutez pas.

MONSIEUR X... — Je sais qu'il a été très bien porté depuis quelque temps de lâcher le gouvernement, mais n'est-ce pas un peu l'histoire des gens qui font couper leurs cheveux pour en prévenir la chute? Moi je ne croyais pas à la chute des miens, je suis resté et je m'en trouve très bien. Dites-moi, qui est-ce qui tient la corde pour le moment?

La princesse — Je n'en sais rien, j'ai la politique en horreur.

Monsieur X.,.— Il s'agit bien de politique ! Moi aussi, je l'ai en horreur ! je vous demande quel est, parmi tous les jeunes seigneurs qui grouillaient autour de vous tout à l'heure, celui que vous avez distingué !

La princesse. — Qu'est-ce que cela vous fait ?

Monsieur X... — Ah ! ah ! il paraît qu'il y a quelqu'un. Voyons, ce n'est pas Montour, j'espère ?

La princesse. — Parce que ?

Monsieur X... — Parce que c'est un imbécile, vaniteux et poseur qui ne pense qu'à lui, et qui rendrait une femme extrêmement malheureuse... Ce n'est pas non plus Fryleuse, il est trop jeune, ni Jacques avec lequel vous avez été élevée. J'ai l'antipathie de ces mariages-là, ça me fait l'effet d'un mariage entre frère et sœur.

La princesse. — Et M. de Beylair ?

Monsieur X...— Beylair ! Ah ça, madame d'Esprycour est donc morte ?

La princesse. — Vous êtes méchant...

Monsieur X... — Est-ce qu'il aurait l'aplomb de s'occuper de vous, ce vieux satyre ? Mais vous ne l'avez donc pas regardé ? Il est croulant, il a un corset et il se peint comme une vieille cocotte !...

Dans ce moment, c'est un vieux beau, mais dans quatre ou cinq ans ce ne sera plus qu'un horrible vieillard...

LA PRINCESSE. — Il a une belle situation dans son parti...

MONSIEUR X... — Ah! parlons-en! un parti coulé...

LA PRINCESSE. — Il a témoigné un grand dévouement à...

MONSIEUR X... — La belle affaire! Tout le monde en est là! tout le monde a son dévouement... Qui est-ce qui n'a pas son petit prince à l'heure qu'il est?... Pour les uns, c'est le prince Napoléon; pour les autres, les d'Orléans; là il y a beaucoup de choix... On peut diviser les dévouements; non seulement c'est devenu à la mode, mais ça occupe. Moi, si je perdais mon poste, je m'organiserais tout de suite un petit dévouement pour employer mon temps... Non, dites-moi que ce n'est pas sérieux, vous n'avez pas pu avoir l'idée d'épouser Beylair, à votre âge?...

LA PRINCESSE. — Mais, mon cher X..., j'ai trente-quatre ans, bientôt trente-cinq; je ne suis plus une jeune femme...

MONSIEUR X... — Vous savez bien que vous avez l'air d'en avoir vingt-cinq, avec vos yeux rieurs et votre tête grosse comme le poing. Beylair en a cinquante-cinq ou soixante... Autant vaudrait m'épouser dans ce cas-là.

LA PRINCESSE. — Vraiment? Quel âge avez-vous?

MONSIEUR X... — Quarante-huit ans aux abricots.

LA PRINCESSE. — Ah! bah! vous êtes très bien conservé!

MONSIEUR X... — Vous êtes bien bonne.

LA PRINCESSE. — Non, vrai, je le pense.

MONSIEUR X... — Alors vous m'épouseriez?...

LA PRINCESSE. — Oui, si...

MONSIEUR X... — Si je ne m'appelais pas « Monsieur X... » Vous avez horreur des bourgeois...

LA PRINCESSE. — En général, c'est vrai.

MONSIEUR X... — Je me souviens vous avoir entendu dire qu'ils avaient toutes les petitesses du peuple sans en avoir les grandeurs...

LA PRINCESSE, *riant.* — Ai-je dit cela?...

MONSIEUR X... — Parfaitement; et ça m'a paru d'autant plus triste, que je reconnais que vous êtes absolument dans le vrai...

LA PRINCESSE. — Alors vous êtes un faux bourgeois; car les vrais ne reconnaissent pas ça, allez! Ils sont le chef-d'œuvre du Créateur; au-dessous d'eux, il y a le genre humain tout entier; au-dessus d'eux, personne! Eux seuls sont honnêtes, travailleurs, intelligents et instruits; eux seuls ont des femmes vertueuses.

MONSIEUR X... — Je suis un faux bourgeois tant que vous voudrez, mais ça ne m'empêche pas de m'appeler comme si j'en étais un vrai, et comme je n'ai pas la moindre envie de devenir comte romain ou de m'affubler d'un nom de terre...

LA PRINCESSE. — Ah bien! voilà une chose qu m'est égale, votre nom!

MONSIEUR X... — Comment! après avoir épousé un prince affreux, car il était affreux, convenez-en, pour être princesse, vous consentiriez à vous appeler « madame X... », à perdre tout le bénéfice de...?

LA PRINCESSE. — Mon Dieu, oui.

MONSIEUR X..., *un peu ému.* — Écoutez, si c'est une plaisanterie, elle est bête...

LA PRINCESSE. — Mais ce n'est nullement une plaisanterie, mon pauvre ami...

MONSIEUR X... — Il me semble que je rêve, je vous aime depuis si longtemps, je vous aime si tendrement... Quand vous aviez quinze ans, quand j'allais chez votre mère avant tout le monde, c'était pour vous voir... Lorsque, après une absence de trois mois, je suis revenu à Paris, vous étiez princesse, et je me suis dit que vous m'auriez envoyé au large, si je m'étais présenté; vous n'êtes pas de ces femmes que l'argent séduit, vous, et j'étais un bourgeois.

La princesse. — Ah! il y en a dans toutes les classes, allez! Le prince en était un, je vous en réponds.

Monsieur X... — Tant mieux! Quand j'ai appris que vous étiez veuve, j'ai eu l'idée de rentrer tout de suite en France et de me présenter hardiment ; une pensée m'a retenu...

La princesse. — Laquelle?

Monsieur X... — C'est assez délicat à vous expliquer ; je supposais que ne... trouvant pas chez vous toutes les joies permises, vous aviez un peu... comment dirai-je? un peu voyagé dans les pays voisins...

La princesse. — Vous croyiez mal!

Monsieur X... — Je l'ai bien vu ; et je vous dirai franchement que j'attachais à cela une grande importance. Je tenais à être avant personne, le seul, le premier...

La princesse. — Ah! mais vous oubliez le prince...

Monsieur X... — Non, je ne le compte pas, voilà tout!

« ONDOYANTE ET DIVERSE... »

I. — VICOMTE DE X...

Rue du Cirque, Paris.

Valfleury, 20 juin.

Mon cher Henry, tu dois être, ainsi que tous nos amis, étonné de ma brusque disparition. Je suis à Valfleury, chez ma mère.

Un chagrin sérieux m'a chassé du milieu trop bruyant dans lequel nous vivons. Je t'en prie... ne ris pas... C'est vrai, je suis très, très malheureux. J'aime profondément une adorable femme, une sainte, une vraie sainte, qui ne peut être à moi, et je souffre le martyre.

Elle aussi a fui Paris, pour m'échapper, car elle m'aime, et sa délicatesse exquise l'empêche de m'appartenir. Elle s'est mariée à 17 ans ; son mari, un être grossier et brutal, l'a délaissée dès le lendemain du mariage. Malgré les torts de ce mari,

elle veut, dit-elle, garder sa seule « empreinte »,
et là-dessus, elle ne transigera pas, car elle est aussi
fière que belle. Et pourtant elle m'aime, elle me
l'a avoué, j'en suis sûr et je deviens fou.

Plains-moi, et écris-moi pour me distraire, car
Valfleury n'est pas drôle. Ma pauvre mère est stupéfaite de ma visite; elle me croit malade et veut
absolument me faire absorber des bouteilles d'Hu-
nyadi-Janos, que je verse régulièrement par ma
fenêtre, pour ne pas la contrarier. Elle affirme que
j'ai déjà meilleure mine, et les géraniums qui re-
çoivent cette douche bienfaisante deviennent splen-
dides.

Au revoir, mon cher Henry, distribue à tous mes
amitiés, et garde pour toi seul cette confidence, ridicule en un temps où l'amour vrai est démodé.

JAMES.

Passe donc chez Creed, et dis-lui de m'envoyer
mes deux culottes et mon costume de bain.

II. — MARQUIS JAMES DE Z...
Château de Valfleury (Indre).

Paris, 24 juin.

Mon petit, tu vas, au reçu de la présente, bondir et me prendre en horreur. Je le sais, c'est con-

venu, mais ça ne m'empêchera pas de te renseigner, parce que, si tu es un vrai serin, je suis moi, un vieil imbécile, qui a la faiblesse de t'aimer beaucoup. J'ai dix ans de plus que toi, et j'étais l'ami de ton père, presqu'autant que je suis le tien ; donc, écoute la parole du sage, avec le respect dû à l'ancien, l'attention accordée à l'ami, et tâche de bien saisir.

Le nom de ta passion n'est un mystère pour personne, car, tandis que tu te consumais en silence (vieux style, mais c'est de mon âge), elle prenait soin de nous informer, par voies détournées, à quel degré montait le thermomètre que, du reste, elle s'entend à chauffer, je le reconnais. Il est vrai qu'elle a eu le temps d'apprendre, mais passons...

La dame de tes pensées s'est mariée en 1862, à vingt-quatre ans (pas à dix-sept ans, comme elle te l'a dit); elle a trois ans de moins que moi, et il y a vingt ans que j'ai le plaisir de la connaître; elle a épousé ce malheureux Kascaradec, qui n'est ni grossier, ni brutal, mais qu'elle a rendu à moitié idiot.

Kascaradec avait le malheur d'être militaire, il l'a emmenée dans la petite ville où il était en garnison, et, quatre mois plus tard, elle lui donnait pour rival *des* officiers de dragons. Voilà le début !

Elle a boulotté comme ça pendant quelque temps,

puis, un jour, le général commandant la brigade à laquelle appartenait Kascaradec, lui a insinué qu'ayant une aussi belle fortune, il devrait aller habiter Paris et donner sa démission; tout idiot qu'il est, il a compris, et ils se sont installés dans le petit hôtel où tu les vois.

Barbannes a été le premier pékin, mais beaucoup d'autres « empreintes » (puisque c'est le mot) avaient précédé la sienne, comme beaucoup d'autres l'ont suivie.

Oui, mon pauvre petit, tu nous manques! Hier à dîner tout le monde réclamait ta bonne frimousse. Nichonne prétend que tu es le plus gentil et « qu'elle ne te croyait pas encore assez fini pour te noyer dans des femmes comme ça ». (Textuel.)

Médite la profondeur de cette pensée, douteuse dans la forme, mais subtile dans le fond, et reviens-nous vite. Nous ferons pour te recevoir une fête, je ne te dis que ça.

HENRY.

III. — VICOMTE DE X...

Rue du Cirque, Paris.

Valfleury, 27 juin.

Mon cher Henry, je t'ai entendu souvent me
gronder lorsque je parlais légèrement d'une femme.
Tu me demandais : As-tu vu ? — Non ! Alors tais-
toi. Et tu avais raison. Aujourd'hui, tu me sembles
avoir bien oublié ce précepte, et tu es bien sévère,
te basant sur des « on-dit », car, en somme, ce n'est
pas autre chose.

Madame de Kascaradec est à la campagne chez
ses beaux-parents, qui l'adorent; elle ne veut ni
me voir, ni me permettre de lui écrire. Ainsi, tu
peux te réjouir, je n'obtiendrai rien.

Bien à toi.

JAMES.

A propos, dis donc à Creed de se dépêcher, je n'ai
rien reçu.

IV. — MARQUIS JAMES DE Z...

Château de Valfleury.

Paris, 29 juin.

Je sors de chez Creed qui va t'expédier tes effets.

Est-il indiscret de te demander si c'est pour te baigner dans l'Indre que tu as fait faire un si joli costume de bain? Vrai, il est divin! On dirait un mirliton. La vue de tes culottes et de ton costume m'a fait du bien. Tu es moins malade que je ne pensais, ou, du moins, pas si désespéré que tu voulais bien le dire. Tu dois prochainement, sans doute, rencontrer la dame de tes pensées, et te faire voir à elle sous toutes tes faces les plus séduisantes.

En effet, il eût été humiliant d'échouer là où tant d'autres...

Mais je me tais, pour ne pas te vexer.

Nichonne se rappelle à ton souvenir, elle t'engage à ne pas « nous la faire à la pose » trop longtemps; elle me charge de te dire que c'est ainsi qu'on « s'encroûte ». Cette aimable enfant ne respecte rien, il est vrai qu'on lui rend bien la pareille.

Ta jument va bien; elle est si verte que cet excellent Baptiste la monte avec terreur. Quant à Nouméa, elle fait un tel vacarme dans l'appartement, que tous les locataires de la maison se plaignent. Baptiste me charge de t'en prévenir. Entre ton cheval, ta chienne et tes voisins, le pauvre garçon n'a pas une existence très agréable.

Tout à toi.

HENRY.

V. — VICOMTE DE X...

Rue du Cirque, Paris.

Valfleury, 1er juillet.

Merci et pardon pour la peine que tu as prise de t'occuper de mes habits.

Hélas! non! je ne dois pas la voir! Je l'avais espéré, mais il me faut y renoncer. Elle n'est plus à Kascaradec; elle est au bord de la mer, et elle me défend de venir. Tout le monde est à ses pieds, on invente chaque jour quelque nouvelle distraction pour elle. La seule chose qui l'amuse est de jouer au lawn-tennis, et comme elle déteste le soleil, et ne veut jouer que le soir, on a fait faire des balles lumineuses, rebondissantes comme les autres, aussi bonnes, aussi justes.

Elle a un canot avec des rameurs à ses couleurs, dix chevaux, elle danse tous les soirs, et malgré tout cela, elle s'ennuie. Elle est à moi, comme je suis à elle, elle le sent, et craint d'être entièrement prise par mon amour, si j'étais là. Elle se rend compte que peut-être elle ne pourrait plus lutter de près comme de loin, et elle m'interdit de venir à X...

Je suis bien malheureux, et quoi que tu puisses

dire ou croire, il y a peu de femmes trempées comme celle-là.

Ne me parle donc pas toujours de Nichonne, tout ce qui me rappelle cette existence bruyante et vide m'énerve et m'irrite; tâche que l'on m'oublie là-bas, c'est tout ce que je veux.

Bien à toi.

JAMES.

VI. — *Pour Paris de Valfleury, n° 54912. Mots 18.*
    Dépôt le 1ᵉʳ juillet, à 7 heures 50 du soir.

VICOMTE DE X...

Rue du Cirque, Paris.

Je suis le plus heureux des hommes: elle est veuve!

JAMES.

VII. — *Pour Valfleury de Paris, n° 96527. Mots 16.*
    Dépôt le 2 juillet, à 11 heures 30 du matin.

MARQUIS DE Z...

Château de Valfleury, par Valfleury (Indre).

Ah bah!! Qui donc est mort?

HENRY.

VIII. — MARQUIS JAMES DE Z...

Château de Valfleury.

Paris, 2 juillet.

Mon cher enfant,

J'ai répondu en plaisantant à ta dépêche ridicule, mais je n'ai nulle envie de rire, car si l'éditeur responsable est mort, j'ai une peur atroce que tu fasses quelque bêtise irréparable. Tu es tellement enfant pour tes vingt-neuf ans que c'est à n'y pas croire et je te supplie d'écouter ma vieille expérience.

Réfléchis que tout ce que je t'ai dit est vrai, absolument vrai, que je puis tout te préciser, sauf le nombre des... « empreintes » de madame de K..., les comptes compliqués me fatiguant beaucoup. Informe-toi avant de faire une boulette que tu regretterais rudement quand il n'en serait plus temps.

Je te serre bien fort la main.

HENRY.

IX. — VICOMTE DE X...

Rue du Cirque, Paris.

Valfleury, 3 juillet.

Tu peux te calmer. C'était une fausse joie. Ell'e voulait savoir à quoi s'en tenir sur la nature de

mon amour. Heureusement j'avais répondu à sa
lettre avant de recevoir tes sages conseils, qui, du
reste, j'aime autant te le dire, n'eussent rien changé
à ma décision.

Pendant une nuit, j'ai fait de beaux rêves. Mon
bonheur n'a pas duré longtemps. Tu ne me connais
pas du tout, mon cher Henry. Je suis fait pour la
vie intérieure, calme et tranquille ; je suis créé pour
le mariage, non pour épouser une jeune fille ai-
mant le plaisir et ne sachant rien de la vie (j'ai l'antipathie du monde, et je ne me sens aucune voca-
tion pour le rôle d'initiateur), mais pour adorer et
posséder à moi seul une femme faite, ayant connu
et méprisé tous les côtés mesquins de la vie, une
femme qui, ayant appartenu à un homme incapable de la comprendre, jouirait doublement de mon
affection ; tout cela a passé devant moi comme un
mirage et je suis triste à mourir.

A toi.

JAMES.

P.-S. — Elle me permet d'aller la voir à X... Son
mari est absent pour une huitaine de jours au
moins. Je pars ce soir ; écris-moi à X..., « hôtel
des Bains ».

X. — MARQUIS JAMES DE Z...

Hôtel des Bains, à X...

Paris, 4 juillet.

A la bonne heure! J'aime mieux ça. Amuse-toi
bien, mon garçon, et sois tranquille. Kascaradec,
qui rendrait des points au caniche le mieux dressé,
ne revient jamais sans prévenir.

Amitiés.

HENRY.

P.-S. — Fais-moi part de tes impressions; j'espère que ça sera plus drôle que ta dernière lettre.
Mon pauvre petit, tu radotais absolument, et, si
tu commences dès à présent...

XI. — VICOMTE DE X...

Rue du Cirque, Paris.

7 juillet, minuit.

Mon cher Henry, je suis fou de bonheur! Je ne
l'ai pas quittée depuis hier soir. Quelle femme, mon
ami! Certes, tout naïf que tu me croies, je comprends bien... à présent, que je ne suis pas le premier, ni même le second; mais je n'ai que plus de
joie d'être aimé comme je le suis! Depuis hier

nous n'avons pas bougé; elle n'a voulu descendre ni pour déjeuner, ni pour dîner; et, comme je lui faisais observer que son absence serait remarquée, elle m'a répondu: « Qu'est-ce que ça me fait? tout ce qui n'est pas vous m'est égal à présent. »

Enfin je rentre à l'hôtel, je n'en puis plus! Ces vingt-quatre heures sans prendre l'air... je commençais à sentir des étourdissements; on a beau être une riche nature... Rassure-toi donc, mon sage ami, je ne songe plus à épouser, mais je suis vraiment heureux comme je ne croyais pas qu'on pût l'être, et ma vie tout entière ne serait pas assez longue pour rendre à cette adorable créature un peu de bonheur qu'elle m'a donné.

Nous allons vivre l'un à l'autre, et l'un pour l'autre; elle va abandonner tout à fait ce monde qu'elle n'a jamais aimé que par désœuvrement; j'irai chez elle à la campagne, je rentrerai à Paris lorsqu'elle y rentrera, et j'aurai enfin la vie rêvée par moi.

Je suis heureux, heureux, heureux!

JAMES.

XII. — VICOMTE DE X...

Rue du Cirque, Paris.

9 juillet.

Je suis brisé. Hier matin, je suis arrivé chez elle,

comme elle me l'avait dit. Nous avons déjeuné et puis... et puis nous avons passé une délicieuse journée.

Le soir, vers neuf heures, elle était étendue près de la fenêtre ouverte, jamais je ne l'avais vue si jolie. Son peignoir de soie orange brodé d'argent, fendu tout le long, et attaché au cou seulement, bâillait... Ah! mon ami! c'était à devenir fou.

Ses admirables cheveux noirs couvraient tout le dossier de la chaise longue, et ses grands yeux violets, perdus dans l'espace, semblaient évoquer quelque vision infinie.

Moi, j'étais assis à ses pieds, tout frémissant (le dîner m'avait remis), plus amoureux que jamais, et je la voulais, et je l'aimais plus que je ne l'avais aimée encore.

Elle regardait toujours au dehors, son regard perdu suivait machinalement le mouvement de la plage: les femmes en robes collantes et les gommeux, dont les courts pardessus gris clair laissaient entrevoir la cravate blanche et la fleur au revers de l'habit.

La musique du Casino commençait, monotone et criarde. Tout ce bruit sourd et indécis m'agaçait peu à peu; j'aurais voulu être avec elle dans un désert, ne rien voir, ne rien entendre qu'elle, et surtout qu'elle ne vît et n'entendît que moi.

8

Elle semblait absorbée dans une rêverie profonde, son œil élargi regardait fixement, sa poitrine se soulevait plus vite, ses narines frémissaient, ses petits pieds nus dans des mules de satin s'agitaient nerveusement, tout son être paraissait obéir à un immense désir; je la contemplais voracement, espérant profiter de la détente que j'attendais. Alors elle se tourna vers moi, qui guettais, anxieux, impatient; et, les yeux luisants, la voix rauque, elle me dit, en m'indiquant du geste le coin d'où montait la musique bête d'un quadrille:

— Allons au Casino, veux-tu? . . . .

. . . .

Je pars pour Valfleury, je veux rassurer ma mère qui était vraiment inquiète de ma santé, et vers samedi, je pense dîner à Paris avec toi.

Dis à Nichonne que j'ai fait une pleine eau « sans me noyer » et que je suis toujours le « plus gentil ».

A toi.

JAMES.

Recommande à Baptiste de mettre les flanelles à la jument et de faire patienter les locataires qui se plaignent.

LE CERCEAU

1

Il ne faut pas dire : Fontaine,
je ne boirai pas de ton eau!

— Mon colonel, je...

— Non, cela ne se peut pas. Je suis fâché de vous
refuser cette permission, mais vous abusez vraiment depuis quelque temps ; vos absences continuelles sont très remarquées au régiment, et,
dorénavant, vous resterez tranquille.

— Mon colonel, si vous...

— Il est absolument inutile d'insister ; d'ailleurs,
vous rentrez à peine de permission ; vous avez eu
huit jours à l'ouverture.

— Mon colonel, je demandais vingt-quatre
heures... seulement...

— Ah ! pour aller passer la journée à Paris,
n'est-ce pas? Qu'est-ce que vous y voulez faire,
à Paris ?

— Mais, mon colonel, je...

— Des histoires de femmes, toujours !... C'est honteux, ma parole, de voir les jeunes gens d'aujourd'hui s'occuper de choses pareilles !...

— Mon Dieu, mon colonel, je crois que ces... « choses » ont occupé les jeunes gens d'autrefois tout comme ceux d'aujourd'hui, et que...

— Autrefois, monsieur, nous n'avions pas reçu les terribles avertissements desquels vous devriez profiter, vous, les jeunes ! Nous n'avions pas à songer à une régénération de l'armée, qui doit être à présent notre unique préoccupation ; nous étions en droit d'employer nos loisirs comme bon nous semblait, même à nous abrutir avec des femmes, si nous étions assez bêtes pour ça ! Aujourd'hui, nous n'avons plus le droit d'avoir de loisirs, et surtout de les employer à faire des bêtises.

— Mon colonel...

— Oui ! des bêtises ! je maintiens le mot. La femme est un être inférieur et malfaisant, qui devrait être absolument rayé de la vie de tous les hommes en général, et de celle des officiers en particulier.

— Oh ! mon colonel ! je crois que ça sera... dur à obtenir, ça, par exemple !

— Eh ! quand je dis rayer, je me comprends, c'est rayer « moralement », parbleu ! On doit prendre la femme pour ce qu'elle vaut, et surtout ne jamais lui accorder la moindre influence...

— Mon colonel, je vous assure que je n'accorde pas la moindre influence, si vous...

— Inutile. Si les topos, la manœuvre, les écoles et le reste ne suffisent pas à vous occuper, lisez, travaillez; et si, malgré tout, il vous faut ce dont nous parlions tout à l'heure, pas besoin d'aller à Paris! Vous trouverez ici le nécessaire, sans qu'il faille prendre une permission de vingt-quatre heures pour ça! Vous m'avez compris, n'est-ce pas?

Et le colonel de Belpoygne mit son cheval au trot, ce qui signifiait que l'audience était terminée; Marcel retourna mélancoliquement devant son peloton.

Il était désolé. Jamais le colonel ne s'était montré aussi particulièrement revêche et quinteux. Et le pire, c'est que jamais non plus le colonel ne revenait sur une décision, c'était connu; il ne fallait donc plus compter sur la permission! Et Rosette qui l'attendrait! car il avait annoncé son arrivée pour le soir, au Cirque!... Elle allait le chercher à sa place ordinaire..., sur un des tabourets qui font le désespoir des gens d'écurie, et dont les habitués aiment tant à encombrer le passage... le troisième tabouret... à gauche... près de l'entrée des loges...

8.

Depuis l'ouverture, il n'avait manqué que trois samedis ! Il la voyait arriver toute sautillante et toute
rieuse, achevant de s'habiller à la hâte, pour avoir
le temps de lui dire bonsoir, avant son « numéro ».
Et ce soir, elle ne le trouverait pas !

Diable de colonel !!!

Et Marcel, abattu, contemplait d'un œil irrité
son chef caracolant devant lui, satisfait de sa petite
admonestation, et absolument indifférent au chagrin qu'elle avait causé.

Le colonel de Belpoygne n'est cependant pas
méchant; sans être un aigle, il a suffisamment d'intelligence pour conduire très bien son régiment,
qui est, sans contredit, le mieux tenu de l'armée ;
seulement, il est crédule; on lui a dit qu'il fallait
réformer les abus, et dame ! il l'a cru, le pauvre
homme ! et il réforme, ou, du moins, il fait tout
son possible pour cela. Au physique, il est « un
superbe militaire », grand, fort, large d'épaules,
musclé à faire frémir, et ne manquant pas, malgré
tout, d'une certaine élégance. Il a les formes d'un
athlète, sans en avoir l'aspect. Avec cela, doux et
bon, quand ce qu'il appelle « sa dignité » n'est pas
en jeu ; mais quand sa dignité est menacée, ou
qu'il craint qu'elle le soit, il devient intraitable,
presque féroce.

Son régiment l'aime et redoute néanmoins ses

colères formidables qui font trembler le quartier, lorsque sa dignité ne lui paraît pas suffisamment sauvegardée. Il monte à cheval étonnamment
bien (pour un officier de cavalerie), adore ses
chevaux, qu'il écrase involontairement, et leur
porte souvent à l'écurie du sucre et des caresses. Il
est un père pour les soldats, les enfants de troupe,
et les chiens de la cantinière; il excuse, à la
rigueur, la faiblesse humaine qui lui fait rencontrer le cavalier Brichou battant les murs, et le
commandant Vervidey le képi sur l'oreille, à condition que ce soit discret, que ça ne se voie pas, et que
« la dignité du régiment » n'ait pas à en souffrir;
mais ce qu'il n'a jamais pardonné, par exemple,
ce sont les histoires féminines tapageuses auxquelles ses officiers se sont trouvés mêlés; pour ce genre
de peccadille, il est terrible et ne veut rien entendre. Du reste, il est irréprochable à ce point de
vue, tellement même que sa conduite est un sujet
d'étonnement profond pour ses officiers, qui l'ont
guetté souvent sans jamais découvrir un point faible de ce côté-là !

Marcel se disait tout cela, mais malgré son habitude des sévérités de son supérieur, jamais il ne
l'avait vu si dur, si acharné qu'aujourd'hui... Vraiment c'était à croire à quelque secret motif... mais
lequel?... Marcel se le demandait encore quand,

en rentrant dans la cour du quartier, où il surveil-
lait le défilé de son peloton, il s'arrêta près du colonel qui causait avec le major.

— Alors, mon colonel, disait ce dernier, vous
partez ce soir ?

— Oui, je vais tirer quelques perdreaux, je serai
de retour lundi matin.

Marcel faillit pousser un cri de joie; il avait
trouvé un joint.

Le soir il quittait la semaine, et, en se faisant
remplacer seulement pour l'appel, il filerait à Paris
par le train de 7 heures, et arriverait au Cirque
juste pour l'entrée de Rosette; il reviendrait le
lendemain à l'heure de la pension, et personne, en
s'y prenant adroitement, ne se douterait de son
petit voyage. Le seul contrôle à redouter était celui
du colonel qui, se méfiant, à cause de la proximité
de Paris, faisait quelquefois demander les officiers
pour s'assurer de leur présence ; mais il allait
chasser, donc, rien à craindre.

Rentré chez lui, Marcel prépara sa petite mise en
scène pour attendrir le capitaine de service; il se
frotta de poudre de riz, s'estompa très légèrement
le dessous des yeux avec un bouchon brûlé savamment étendu à l'aide d'une petite boulette de coton,
et, après un coup d'œil satisfait jeté sur sa glace,
se rendit au pansage.

Le capitaine, un brave homme, sorti du rang, rôdait dans la cour.

— Vous avez mauvaise mine, lieutenant! dit-il à Marcel.

— C'est que, mon capitaine, j'ai horriblement mal à la tête, je ne sais pas ce que c'est...

— Prenez garde, c'est peut-être une insolation, le soleil tapait bigrement dur, ce matin, vous devriez vous coucher...

— Ma foi, non! c'est si ennuyeux d'être obligé de se relever...

— Pour l'appel? pas la peine! Allez, allez vous coucher, vite; vous avez besoin de dormir, voilà tout.

Marcel s'éloigna ravi, expliqua à son ordonnance que si l'on venait savoir de ses nouvelles il dormait profondément jusqu'au lendemain à 11 heures, s'habilla lestement et arriva juste à temps pour sauter dans le train, sans avoir rencontré personne; il était 7 heures, les camarades étaient à dîner, et il faisait presque nuit.

A la première station, il descendit et, allumant un cigare, se promena sur le quai, inspectant d'un œil distrait l'intérieur des compartiments ouverts.

Tout à coup il fit un bond en arrière! Près d'une portière, à deux pas de lui, il apercevait le colonel de Belpoygne qui, heureusement, semblait sommeiller. Par quel phénomène le colonel, qui allait chasser près du Mans, se trouvait-il dans l'express de Paris? C'est ce que Marcel se demandait en tremblant. Avait-il été instruit de son départ?... Était-il monté dans le train pour le suivre?... Faisait-il semblant de dormir?... Mais au fait, pourquoi s'être mis en habit? car il était en habit, cela se voyait très bien, par l'entre-bâillement de son pardessus gris-perle, un pardessus qu'il ne sortait que les grands jours. Peu tranquillisé par ces détails, Marcel remonta fort intrigué dans son wagon, et n'en sortit, à Paris, que lorsqu'il eut vu le colonel passer en courant, une petite valise à la main.

— Où diable va-t-il? se demandait Marcel. Pourquoi a-t-il dit au major qu'il allait à la chasse, tandis qu'il vient ici?... Est-ce que, comme les autres, il s'occupe aussi de politique inavouable et opportuniste? Non, ça n'est pas possible, c'est un trop brave homme, franc, honnête, et surtout pas assez malin pour ça...

Désespérant d'approfondir les intentions de son chef, mais de plus en plus intrigué, il dîna aux Ambassadeurs, et à 9 heures 1/2 il entrait au Cirque. Malgré la saison, ce dernier samedi était assez brillant. Il fit son tour à l'écurie, et, apprenant que Rosette venait d'entrer dans sa loge pour s'habiller, il courut dans le passage occuper sa place et jeter un coup d'œil dans la salle. Une surprise désagréable l'attendait là.

Juste en face de lui, au premier rang, le colonel de Belpoygne et son pardessus gris-perle s'étalaient majestueusement. Cette seconde apparition le stupéfia : décidément son colonel le filait. Et puis, il « possédait une stalle », un samedi !! Évidemment il l'avait retenue... donc il y avait préméditation. Décidément, il y avait quelque chose là-dessous.

Marcel jugea prudent de s'esquiver. Rosette sortait de la loge, il lui dit rapidement :

— Je suis parti de X... sans permission, et mon colonel est ici. Impossible de rester, je me ferais pincer, je t'attends après le cirque devant le marchand de gaufres.

Et il partit le cœur gros, car Rosette à peine entrevue lui avait paru plus jolie que jamais.

Ce n'est pas qu'elle soit belle, la petite Rosette ! Oh ! pas du tout ! Elle a des cheveux ni bruns, ni blonds, crépus à l'œil et soyeux au toucher. Les sourcils ébouriffés, et les cils noirs et extraordinairement touffus, donnent aux yeux tout petits, une expression bizarre. La bouche, très grande, est garnie de dents pointues d'une éblouissante blancheur. La taille, d'une souplesse extrême, a des

ondulations de serpent, sous lesquelles on devine
des muscles d'acier, et, chose rare chez les « femmes
de Cirque », elle a des bras superbes; quant aux
jambes, des merveilles!

Mais ce qui surtout frappe dans la petite écuyère,
c'est son teint; un teint blanc, laiteux, admirable,
qui, joint à ses mouvements heurtés et rapides, l'a
fait surnommer le *Singe blanc*. En somme, tel
qu'il est, l'ensemble du « Singe blanc » est bien
tout ce qu'on peut rêver de plus drôle et de plus
affriolant , et bon nombre de beautés régu-
lières seraient enchantées de changer leurs lignes droites contre ses angles, du reste très ar-
rondis.

Un peu avant la sortie, Marcel, faisant les cent
pas au coin de la rue de Ponthieu, vit une petite
main qui sortait d'un coupé, et semblait l'appeler.
Il hésita un instant, le coupé lui paraissant tout
différent du modeste fiacre, qui d'habitude recon-
duisait Rosette.

— Eh bien ? cria une voix claire, tu ne veux
donc pas venir ?... Ah! mon pauvre bonhomme,
dit le Singe blanc quand Marcel fut installé, j'ai
cru qu'il ne me lâcherait jamais !...

— Qui ça?

— Un vieux bête, qui m'assomme. Mais je te
raconterai ça plus tard...

— Du tout, du tout, ça m'intéresse. En quoi t'assomme-t-il, ce vieux ?...

— Tu dois bien t'en douter. Il est fou de moi; oh! mais là, fou, comme jamais aucun avant lui. Il me donne tout ce que je veux, tout! Ainsi, tu vois ce coupé...

— C'est vrai, je ne te connaissais pas ce nouveau... meuble...

— Eh bien, c'est lui !... Et tu ne me croiras pas... c'est si drôle !... ce coupé n'est pas encore... payé...

— Si c'est cela qui te surprend, je t'assure...

— Tu n'y es pas! Il est payé au marchand !... C'est moi qui n'ai pas encore... tu saisis ?

— Dis donc, tu sais, il est inutile de me parler de ça...

— Oh! mon petit Marcel, je ne croyais pas que tu supposais...

— En effet, je n'ai pas ce fol orgueil, mais enfin, il y a des choses qu'on n'aime pas à s'entendre rappeler...

— Laissons cela, et parlons de toi ; demain nous resterons bien tranquilles... hein? et puis, lundi, nous irons à Enghien. J'ai toujours rêvé de voir les courses d'Enghien.

— Ah ! ouiche! Il faut que je sois à X... demain à 11 heures, je t'ai dit que j'étais ici sans permission.

— Comment! ton colonel est si chien que ça?

— Tout autant!

— Et encore il vient t'embêter au Cirque?

— J'ai été stupéfait en l'apercevant.

— Il est inflexible, dis, ton colonel? Il ne comprend donc rien?

— Absolument. Il a horreur des femmes!

— De toutes?

— De toutes! Il dit que ce sont des êtres inférieurs et malfaisants, et il n'admet pas que d'autres pensent différemment.

— Comme ça, tu n'auras plus tes permissions de chaque semaine?

— Fini.

— Eh bien, mon pauvre Marcel, ne te tourmente pas, on verra à t'en obtenir, tant que tu voudras, des permissions.

— Qui les obtiendra?

— Quelqu'un que je connais et qui connaît ton colonel.

— Puisque je te dis que ce n'est pas un homme fait comme les autres! Il est en bronze, cet animal-là!

— Nous verrons bien...

Le lendemain, rentré au quartier, Marcel songeait douloureusement que sa soirée ne ressem-
blerait pas à celle de la veille, quand le vague-
mestre lui remit une lettre.

C'était de Rosette qui disait :

« Mon cher Marcel, arrange-toi *n'importe comment* pour être à Paris jeudi matin ; tu passeras
à 9 heures chez moi, il y aura pour toi une lettre
qui t'expliquera ce que tu as à faire. Tu seras libre
de repartir à midi, si tu veux. Si on te refuse la
permission, viens sans. Il le faut, de là dépend tout
notre bon temps à venir.

» Je t'embrasse fort, fort, fort.

» ROSETTE.

» Tu viendras sûr, n'est-ce pas? Tu ne voudrais
pas faire de la peine à ton Singe Blanc, dis? »

Cette missive inattendue rendit Marcel perplexe.

— Qu'est-ce qu'elle peut mijoter ? pensa-t-il.
Elle a des idées tellement saugrenues !... Avec elle
il faut s'attendre à tout !... Aurait-elle conçu le
projet de me ménager une entrevue avec le ministre
de la guerre ?...

Toujours est-il que Marcel eut sa permission, et
le jeudi matin à 9 heures il suivait les Champs-
Élysées dans un petit fiacre découvert, se rendant
chez Rosette qui demeure rue Lord Byron. Il regardait avec envie les cavaliers qui passaient près
de lui allant au Bois, lorsqu'il aperçut la silhouette
bien connue du colonel de Belpoygne qui montait
l'avenue à quelques mètres devant le fiacre. Il donna
immédiatement au cocher l'ordre de se mettre au
pas.

Encore lui ! Cela n'était décidément pas naturel, et Marcel résolut de filer son supérieur.

Celui-ci écrasait un superbe cob alezan bâti en
taureau, qui néanmoins pliait sous ce poids fantastique. Il tourna dans l'avenue Matignon, et
arrivé à la hauteur des gaufres, il descendit, fit
signe à un homme d'écurie debout à l'entrée de
l'allée du marchand de chevaux et, lui donnant
son cheval à tenir, disparut dans le Cirque par la
petite entrée.

— Ah çà, se dit Marcel, aurait-il aussi un rendez-vous ?... Non, je parie bien plutôt que c'est

là qu'il achète ses chevaux mis au bouton, qu'il nous dit ensuite dresser lui-même! Nous sommes toujours à nous extasier...

Tandis que Marcel s'éloignait, le colonel entrait au Cirque en habitué, et demandait :

— Mademoiselle Rosette est-elle arrivée?

— Pas encore, monsieur, mais elle ne va pas tarder. Elle a le manège un quart d'heure plus tard aujourd'hui, parce qu'il y a un « début » qui organise son trapèze.

M. de Belpoygne traversa le passage et s'assit au premier rang ; aussitôt plusieurs enfants qui jouaient dans la piste accoururent.

— Bonjour, monsieur; ça va bien, monsieur ?

— Vous allez venir tous les jours, dites, monsieur?

— Justement vous arrivez pour voir le nouveau trapèze...

Le colonel souriait presque gracieusement, et de tous côtés, dans la grande salle nue et vide, apparaissaient des têtes baroques qui venaient lui dire bonjour.

Mais lui, anxieux, répondait à peine, cherchant des yeux Rosette qui n'arrivait décidément pas.

Pour tuer le temps, le colonel se mit à regarder machinalement le curieux spectacle que présente le Cirque le matin.

Très mouvementé, le Cirque, le matin, surtout

lorsqu'il y a un début. Tout le monde vient voir, même ceux qui n'ont pas à répéter ou à travailler. Chacun veut se rendre compte de ce que fera le nouveau venu. De 8 heures à 1 heure, c'est un va-et-vient perpétuel. Il y a les chevaux récemment achetés, auxquels on apprend à galoper en cercle, doucement, à relentir lorsqu'ils approchent des banderoles ou des cerceaux, et surtout à ne jamais changer de pied. Il y a le travail des femmes, qui sautent soixante ou quatre-vingts cerceaux, histoire de s'assouplir ; puis les clowns qui cherchent et essayent des sauts et des dialogues ; puis le dressage des chevaux de haute école ; c'est là surtout qu'on perd toutes les illusions qu'on a sur l'équitation et les cavaliers. Presque toujours les chevaux que l'on présente montés le soir sont préparés par un monsieur à pied, qui les « travaille » à la cravache. Lorsque l'animal arrive à être à peu de chose près une mécanique obéissante à la musique et à la voix, alors seulement on monte sur son dos, et on paraît obtenir des merveilles par des effets de main, de jambe et des « déplacements » savants qui, en réalité, sont absolument étrangers au résultat. Ne pas croire pour cela que le cavalier qui a dressé le cheval et le présente est sans mérite. Il en a un immense, au contraire. Avoir appris à l'animal ce qu'il sait, et ne pas le gêner pour l'exécuter ;

il est à parier que sur cent amateurs, placés sur un cheval d'école, quatre-vingt-dix-huit l'empêche-raient de manœuvrer en le tracassant maladroite ment.

Le colonel de Belpoygne s'intéressa autant qu'il put aux arrangements des cordes et des trapèzes, donna son avis sur toute espèce de choses aux-quelles il n'entendait rien, et commençait à trouver le temps long, lorsque enfin Rosette parut.

Le colonel se précipita au-devant d'elle avec un empressement qui indiquait clairement à quelle période de la passion il en était encore.

— Enfin ! s'écria-t-il.

— Je suis en retard, fit l'aimable enfant un peu rouge, pardon, mais j'ai rencontré quelqu'un, et...

— Et vous avez oublié, pour ce quelqu'un, le pauvre ami qui vous attendait ?

— Du tout ! j'ai pensé à vous tout le temps que j'ai été retenue par lui...

— Vrai ?

— Bien vrai ! Je vais vite m'habiller ; en atten-dant, faites un bout de causette avec Beppino, je reviens à l'instant.

Beppino, que le colonel appelait poliment « M. Beppino » (à sa profonde stupéfaction), était un clown, Italien d'origine, comme la plupart des saltimbanques, mais « Anglais » le soir pour les besoins de la cause, l'Anglais étant le seul clown vraiment prisé. D'une familiarité décourageante, Beppino faisait le désespoir du colonel, dont la dignité en voyait de grises avec lui. Beppino parlait le français de Ménilmontant, assaisonné d'un accent italien qui doublait la valeur des moindres mots, et quand il disait au colonel, en lui tâtant les biceps : « Cré Diou ! » vous êtes bien nommé, vous ! d'un coup de poing vous en feriez voir de toutes les « colors » ! le brave homme ressentait une immense envie de l'étrangler, et une honte profonde de se laisser traiter de la sorte.

Ce jour-là Beppino était de joyeuse humeur.

— Hé ! hé ! demanda-t-il, est-ce que ça va, les affaires ?

Et comme le colonel ne répondait pas...

— Si le Singe blanc « récalcitre », faudrait brusquer ça, voyez-vous ? Moi, qui vous parle, j'ai expérimenté la chose, et...

— Heureusement Rosette arrivait, toute mignonne et toute drôle, dans son costume de travail. Un maillot bleu de ciel et une blouse très courte en cachemire bleu marin, serrée à la taille par un cercle d'argent natté souple. Ses cheveux, assez courts, flottaient librement, et leurs anneaux ébouriffés avaient des tons chauds et étranges. Avec cela, une fraîcheur de dix-huit ans, à peine respirée encore, le Singe blanc était un amour.

Le pauvre colonel regardait ébloui la singulière petite créature ; jamais la vue d'une femme, alors même qu'il avait vingt-cinq ans, ne l'avait mis dans cet état. Il était affolé, et lorsqu'on amena l'énorme cheval dont elle se servait au travail, il lui dit d'une voix tremblante :

— Prenez garde de tomber, mon Dieu, je ne vis ras...

— Moi tomber ! s'écria Rosette, qui, d'un bond, quitta le rebord de velours sur lequel elle était à califourchon, mais vous ne savez pas à quel point nos chevaux sont bien dressés ! Pour vous le prouver, vous allez essayer.

— Essayer quoi ?... fit le colonel épouvanté.

— De vous tenir debout sur un cheval, et...

— Moi ! moi, que je...? Jamais de la vie !

— J'y tiens absolument.

— Mais, c'est impossible ! ma chère Rosette, songez à ce que vous me proposez ?

— J'y songe parfaitement... à ce point que ce que vous m'avez demandé !... vous savez bien ? ce sera à cette condition-là..., à cette condition *seulement!* M. Clarck vous tiendra avec la ceinture de sûreté. Voyons, mon ami, pour me faire plaisir... Je vous en prie, à genoux !... Voulez-vous que je me mette à genoux ?... Je vous aimerai tant !...

Après ça, s'il y avait du danger, je ne vous le demanderais pas...

— Eh ! ce n'est pas tant pour le danger que pour...

— Pas un mot ; voyons, c'est convenu. Monsieur Clarck, faites amener Jules !

— Jules ! murmura le colonel anéanti, pourquoi faire ? Qu'est-ce encore que celui-là ?

— C'est le plus insignifiant des chevaux, celui qui supporte tout le monde ; tous s'exercent sur son dos, il reçoit des coups de pied et ne les rend jamais ; vous allez le voir.

— Oui, mais si je me prête à cette folie, vous me jurez que...?

— C'est juré, cria-t-elle en mettant sa petite main dans celle du colonel.

Jules est un gros cheval rouan, un assez beau reste ; humilié d'abord de son emploi au Cirque, il a fini par en prendre son parti. Il est bien nourri, bien logé ; il a compris que rester, même dans des conditions pénibles pour son amour-propre, est encore avantageux, et il s'est résigné à tout supporter ; pourtant, lorsque le colonel, aidé par un des écuyers, parvint à s'asseoir sur la large plate-forme du panneau, Jules crut son dernier jour venu et s'aplatit en étoile, les quatre jambes écartées. Tout le monde riait, excepté l'infortuné colonel. On lui fit faire d'abord le tour du manège assis; puis, Rosette vint elle-même lui mettre la ceinture de sûreté. C'est simplement une sangle à anneau dans lequel est passée une corde. Un écuyer tient l'extrémité de cette corde, et tourne en même temps que le cheval, à l'extérieur du cercle. Quand on manque de tomber, il redresse, à l'aide d'une secousse; ça réussit quelquefois, mais pas toujours.

Le colonel ne voulait pas se laisser attacher.

— J'aimerais encore mieux rien, disait-il. Je vais m'emboberliner les jambes dans cette sacrée ficelle...

Cependant il consentit, et se hissa à genoux, ou plutôt à quatre pattes, car, à chaque instant, il attrapait les crins pour se retenir.

— Je serai bien gentille, dit Rosette, je ne vous demande pas d'essayer debout; seulement vous allez, pour me faire bien plaisir, sauter une ou deux banderoles, à genoux... C'est facile comme tout.

Et tout en disant cela, elle avançait ses lèvres comme pour l'embrasser, l'inondant de regards pleins de promesses. Le pauvre colonel, rouge, la tête en feu, sans plus rien savoir de ce qu'il faisait, se hissa de nouveau sur le dos de Jules... et Jules partit au petit galop cadencé.

Plusieurs palefreniers entraient avec des banderoles et des cerceaux de papier, tandis que des têtes curieuses apparaissaient dans tous les coins. M. de Belpoygne hésita encore.

— Si vous ne sautez pas la « garniture » entière, dit le Singe blanc, il n'y a rien de fait ; si, au contraire, vous sautez...

Elle grimpa sur le rebord, et se penchant sur l'encolure du cheval, elle murmura à l'oreille du colonel quelques mots qui le rendirent cramoisi.

— Soit ! dit-il désormais inconscient et fasciné.

La « garniture » se composait de trois banderoles et d'un cerceau en papier jaune « pour finir ».

Un homme courait à côté du cheval, et M. Clarck maintenait la corde de sûreté à grand'peine, tellement était puissant le formidable ballant que lui imprimait le colonel.

La victime de Rosette passa les trois banderoles, les enlevant autour de son ventre, sans même accuser le saut ; restait le cerceau placé devant l'entrée de l'écurie. En arrivant sur ce dernier obstacle, le colonel vit que d'un côté il était tenu par Beppino, qui se tordait, et de l'autre, par quelqu'un qui se cachait la figure dans la main, comme étouffant une égale envie de rire. Tout en se promettant d'administrer plus tard une raclée à l'Italien, le colonel fonça tête baissée dans le cerceau et resta à moitié accroché par le cou, tandis que le cheval s'arrêtait court, et qu'une voix flûtée lui demandait :

— Vous ne vous êtes pas fait de mal, mon colonel ?

Marcel tenait le cerceau en face de Beppino !!!

C'était jouer gros jeu, et Marcel n'était pas très rassuré ; heureusement le colonel Belpoygne prit la mésaventure avec esprit.

— Mon cher enfant, dit-il, vous vouliez m'avoir en main, vous avez réussi.

— Mon colonel, ajouta le Singe blanc, j'ai simplement voulu vous prouver que lorsque vous dites qu'il ne faut rien accorder aux femmes, c'est qu'à ce moment-là elles ne vous ont rien demandé.

SAUVETAGE

A N...-sur-Mer. Une maisonnette très isolée, cachée sou
des jasmins, des glycines et des clématites qui ont tout
envahi et tiennent les volets verts hermétiquement clos.
Il semble que depuis vingt ans on n'est pas entré dans
la maison. A l'intérieur, rez-de-chaussée ouvert et abandonné; escalier délabré, auquel il manque des marches
entières. Au premier étage, un boudoir tendu de cretonne
fraîche et gaie à l'œil, et garni de divans larges et bas,
pareils aux tentures. Table de bambou, sur laquelle il y a
des fruits, des gâteaux et du vin de Champagne. Fleurs
partout. Le boudoir est éclairé par un petit lustre de cris-
tal tout enroulé de fleurs. Au fond, par une large baie,
on aperçoit dans la pièce voisine un grand lit drapé et
une profusion de fleurs. Cette chambre est faiblement
éclairée par une lampe opalée.

Dans le boudoir, madame X... va et vient, inquiète, nerveuse,
tremblante, examinant tout, curieusement et timidement.
Madame X... a vingt-cinq ans. Elle est blonde, petite, un
peu boulotte, infiniment mignonne et gracieuse, et surtout
fraîche comme une rose.

Jolie toilette mais peu d'élégance.

Tout en allant et venant, madame X... se parle à elle-même.

— Est-ce bien moi qui suis ici ?... Je ne puis croire encore à ce que j'ai fait... Si ma mère allait me chercher?... Et Georges !... s'il n'était pas parti... ou s'il revenait?... Pauvre Georges !... C'est sa faute aussi... Pourquoi ne lui ressemble-t-il pas, à *lui?*... Et dire qu'il y a des femmes assez heureuses pour avoir des maris comme celui-là !... et que... peut-être... lui aussi un jour?... Mais non, il m'a juré que si je consentais... Il m'aime tant ! C'est si bon de se sentir aimée ainsi !... Que je suis heureuse ... être aimée par lui !... Lui !..., qui peut choisir parmi toutes les plus jolies femmes !... En quoi ai-je donc pu lui plaire ?... moi si gauche... si timide... quand il est là surtout... car je l'adore, mais je me sens mal à l'aise lorsqu'il est là... Il doit nous trouver si ridicules !... si... Oh ! j'ai honte quand je pense combien je suis peu de chose auprès de lui... Deux heures et demie ! mon Dieu !... est-ce qu'il ne viendrait pas?... C'est bien deux heures et demie qu'il m'a dit?... Il est vrai qu'il s'en faut de deux minutes encore... Je suis venue vingt minutes trop tôt... Qu'il est bon d'avoir pensé à si bien arranger tout cela... et en deux jours encore !... Il a préparé tout lui-même, sans doute... afin de ne mettre personne dans la confidence de notre cher secret... Peu d'hommes ont de ces délicatesses-là... Que le temps me paraît long !... Il aura été retardé... arrêté en route... Il a dû trouver ce mobilier... à la hâte... Le lit semble un peu défraîchi... mais toutes ces fleurs!... que c'est joli!... Il devrait être ici pourtant?...

Sur la route de N...-sur-Mer.

La marquise trottine, elle court presque. Trente-cinq ans environ. Grande souple, taille splendide. Cheveux noirs, bouche épaisse, teint de rose thé, profil de médaille antique. Immenses yeux changeants, violets ou noirs, selon qu'elle est gaie ou en colère.

— Je n'en puis plus!... Mais j'arriverai à temps... Xaintrailles doit être en ce moment occupé à nommer au prince toutes les cocottes de la plage... il en a pour longtemps! Cet excellent prince!... Il s'est trouvé là à propos... je l'ai jeté dans les jambes de Xaintrailles... Ah! mais là, bien! il n'a pas osé le balancer... une Altesse Royale! et d'un collant!... Par exemple, c'est bien la première fois que l'Altesse Royale en question contribuera à sauver la vertu... Et la petite là-bas?... elle est capable de me mettre à la porte... elle serait dans son droit... mais elle aurait tort, car je vais essayer de lui rendre un fier service... C'est vrai... elle m'intéresse, cette petite, et sa famille aussi!... C'est jeune, frais, honnête, tout ça serait sali, et pourquoi?... Pour amuser M. le comte de Xaintrailles pendant huit jours... ou pendant une heure?...

Plutôt pendant une heure !... moi, je voudrais empêcher ça !... A quoi donc sert l'expérience sinon à
arrêter les autres à temps ?... Je ne suis pourtant
pas le saint Vincent de Paul de la vertu... Non !
mais enfin ça me tente, ce sauvetage, ça me tente,
même fortement... car c'est risqué ce que je fais
là... c'est extrêmement risqué !... Voyons, elle doit
être là-bas depuis une demi-heure... au moins!
Elle en est coiffée, de cet animal-là... Je suis sûre
qu'elle compte les secondes en tremblant... On est
si bête quand on aime ! Qu'est-ce que je vais lui
dire en arrivant?... Si elle allait regarder à la fenêtre
et me voir venir... Et ce brave garçon de mari, qui
a filé ce matin tranquillement, et auquel Xaintrailles a eu l'aplomb de tout raconter... tout...
sauf le nom de la femme !... C'est ça qui m'a indignée surtout !... Ce doit être cette petite maison
cachée dans les arbres... Je suis essoufflée !... Ouf !
Ah! la porte est poussée seulement !... (*Elle entre
et monte l'escalier.*) Sapristi !... quel casse-cou
que cet escalier ! Autant de trous que de marches !... Diable!... il faut une fameuse timbale au
haut, pour ne pas regretter la peine... (*Elle arrive
à la porte et frappe trois coups. Madame X...
vient ouvrir et recule stupéfaite.*)

LA MARQUISE, *entrant et refermant la porte.* —
Vous ne vous attendiez pas à me voir, n'est-ce pas?

C'est bête ce que je dis là, mais il faut bien dire quelque chose.

Madame X..., *balbutiant*. — Madame, je...

La marquise. — Ne vous troublez pas ; vous êtes ici chez vous, et...

Madame X... — Madame, vous vous trompez, je ne suis pas...

La marquise. — Pas encore. Je l'espère bien ! Mais enfin, c'est tout comme, et vous pouvez, si bon vous semble, me dire de sortir. Ne me le dites pas, car je viens pour vous empêcher de faire une irréparable boulette...

Madame X... — Madame...

La marquise. — Ne m'interrompez pas ; je vais droit au fait : Xaintrailles vous a raconté qu'il vous adore ; jusque-là, ça peut aller, car que faire aux bains de mer, à moins qu'on ne flirte ? Mais vous l'avez cru, et ça, c'est trop !...

Madame X... — Mais madame...

La marquise. — Laissez-moi continuer, vous répondrez après. Xaintrailles est élégant, assez joli garçon (vu de loin), et lancé dans un monde qui vous paraît... admirable (de loin, toujours), c'est ce qui vous a séduite, car sans cela... Mais enfin !... vous, vous êtes jeune, fraîche, jolie, et surtout « innocente », qualité extrêmement rare à rencontrer dans le genre de société où triomphe habituelle-

ment le monsieur qui vous occupe et moi aussi...
pour le moment... Si vous suivez mon conseil,
vous allez venir avec moi, bien vite, et, le premier
chagrin passé, vous serez contente; sinon, vous
sortirez d'ici, tremblante, malheureuse peut-être,
et désillusionnée (dans tous les cas). L'avez-vous
jamais bien vu, Xaintrailles? au soleil il a un tas
de petits plis...

MADAME X... — Madame, ma conduite peut être
blâmable, mais je ne devine pas pourquoi vous, qui
me connaissez à peine, vous vous intéressez à ce
qui résultera pour moi d'un amour auquel rien au
monde ne me fera renoncer.

LA MARQUISE. — Il est vrai que je vous connais
fort peu; mais je vous vois, candide et confiante,
donner tête baissée dans le filet qu'on vous tend;
vous y laisserez toute votre vie, tandis que l'autre
n'apportera probablement pas grand'chose... et ne
laissera absolument rien...

MADAME X... — Je vous répète, madame, que
j'aime M. de Xaintrailles.

LA MARQUISE. — Mais c'est précisément ça qui me
fait bondir! Comment pouvez-vous aimer quelque
chose là dedans? Et avec un mari comme le vôtre?...
Ah! s'il ressemblait au mien, je ne dis pas! Et encore? Ma foi, je ne sais pas trop si ça vaudrait la
peine de changer, car, ma pauvre petite, il faut

votre manque d'expérience pour ne pas voir...

MADAME X... — Quoi donc?...

LA MARQUISE. — Une foule de choses que je me garderai de vous expliquer. Je vous dirai seulement que si vous aimez Xaintrailles, lui ne vous aime pas, pas du tout!

MADAME X..., *très rouge*. — S'il ne m'aimait pas, madame, il ne m'eût pas remarquée; je n'appartiens pas à son monde, et...

LA MARQUISE. — Vraiment? Vous pensez sérieusement que Xaintrailles descend, déroge, en faisant sa maîtresse d'une bourgeoise jolie à croquer, bien élevée, gentille et très riche, ce qui ne gâte rien; car je ne sais pas jusqu'à quel point ce grand seigneur aurait remarqué votre gentil minois, s'il eût été encadré d'un chapeau de quinze francs, et je doute fort qu'il vous eût fait venir ici s'il se fût attendu à trouver des « dessous » peu soignés. Vous êtes pour lui un piquant ragoût, il n'en a probablement jamais goûté de semblable, et pourtant vous voyez qu'il ne se presse pas d'arriver...

MADAME X... — Il viendra donc?...

LA MARQUISE. — Sans doute il viendra!... mais tranquillement, sans s'agiter, quand il n'aura rien de mieux à faire. Peut-être, en ce moment, est-il

en train de se moquer de vous, avec les bonnes petites amies...

MADAME X..., *toute pâle.* — Oh! madame!!

LA MARQUISE. — Sans vous nommer, comme il le
faisait hier avec votre mari...

MADAME X... — Avec mon mari?...

LA MARQUISE. — Eh oui! à lui-même! le comble
du piquant, n'est-ce pas? Raconter à un brave garçon qui adore sa femme, dont la vie serait gâchée,
finie, s'il se savait trompé par elle, dans quelles
conditions, où et à quelle heure il aura cette femme
le lendemain, n'est-ce pas très drôle?

MADAME X... — Vous me trompez, madame...

LA MARQUISE. — Et comment aurais-je su tout
cela, moi? Comment aurais-je appris où est située
la « petite maison » de M. Xaintrailles? qui m'eût
dit qu'il fallait frapper trois coups pour me faire
ouvrir? et que c'était à deux heures et demie qu'on
ttendrait? Celui qui, tout à l'heure, aura sur vous
des droits indiscutables (desquels il n'abusera pas,
du reste), a ajouté, parlant à votre mari : « Cette
petite est adorable, elle a des effarouchements délicieux; j'éprouve près d'elle ce que je ressentais
quand j'avais vingt ans, et il me semble que demain n'arrivera jamais! — Pourquoi? a demandé
en riant M. X..., attendez-vous à demain?... —
Parce que le mari est là; il est arrivé samedi, par

le train des maris; il est dans les affaires et retourne demain à Paris; alors, vous comprenez?... j'aime mieux avoir le champ libre. » Comme depuis huit jours Xaintrailles ne vous quitte pas, j'ai bien su...

MADAME X... — Mais mon mari?...

LA MARQUISE. — Votre mari, avec sa nature honnête et droite, n'a rien deviné; puis il est jeune, il vous aime, il « croit » que vous l'aimez aussi, et il n'est pas fait encore aux aimables roueries de ces messieurs...

MADAME X... — Si ce que vous me dites est vrai, madame, M. de Xaintrailles est un misérable...

LA MARQUISE. — Mais pas du tout! Là est l'erreur! Xaintrailles n'est nullement un misérable en agissant comme il l'a fait; presque tous en font autant, et il faut que cela soit ainsi; car, supposez qu'au lieu de s'attaquer à une enfant comme vous, il se fût adressé à une femme comme... j'en connais... on lui aurait rendu la monnaie de sa pièce, allez! et généreusement encore!!

MADAME X... — Et moi qui croyais si bien en lui! moi qui... Ah! tenez, madame, ce que vous me dites est impossible, vous m'avez menti!

LA MARQUISE. — Quel intérêt aurais-je à cela? voyons?

MADAME X... — Je ne sais, mais quel intérêt avez-vous à m'avertir?

La marquise. — Quel mobile fait agir le chien qui retire de l'eau un noyé qu'il n'a jamais vu? Quel intérêt pousse un pompier à risquer vingt fois sa vie pour sauver des gens qui le plus souvent ne lui en sauront aucun gré? Depuis huit jours, je suis le manège de Xaintrailles, je l'ai vu écarter de vous les gens qui étaient votre société habituelle, se faufiler, s'insinuer, vous entourer à lui seul. Votre mère, qui est excellente, mais vaniteuse comme personne, a été profondément flattée de se montrer toujours flanquée de lui! Votre mari est arrivé et elle le lui a présenté. Tout en regrettant pour vous ce que je pressentais, je n'avais nullement l'idée bizarre de me mêler de ce qui ne me regarde en rien, lorsqu'hier j'ai entendu ce que je viens de vous raconter; alors je me suis sentie prise de colère, de... Vous pleurez?

Madame X... — Oui, je pleure, car vous me semblez sincère, et je vois s'écrouler tout le bonheur que j'avais rêvé!...

La marquise. — C'est-à-dire qu'au contraire, votre bonheur menacé s'affermit.. car, voyons, là, entre nous... qu'est-ce qui pouvait vous plaire tant que ça?

Madame X... — Je l'aime, je vous le jure... et...

La marquise. — Et vous ne me croyez encore qu'à moitié? Ma chère petite, pour que la guérison soit complète, et je veux qu'elle le soit, il faut que vous sortiez d'ici sans un regret.

MADAME X... — C'est impossible !

LA MARQUISE. — Mais non ! ce n'est pas impossible ! Tenez, vous allez entrer là, et y rester tandis que je recevrai Xaintrailles, moi !

MADAME X... — Mais...

LA MARQUISE. — Et si après ce que vous allez probablement entendre, il reste dans votre esprit un doute, un tout petit doute, alors la maladie est incurable. C'est une preuve de confiance que je vous donne là ; je ne suis pas un petit ange comme vous, moi, et il est fort possible que, dans le feu de la discussion, Xaintrailles m'envoie quelques balles... dans le noir... Mais bast ! j'ai fait la blessure, je tiens à la panser !

MADAME X... — Mais s'il se doute ?...

LA MARQUISE. — De rien du tout ! Vous allez vous asseoir là dans les fleurs de la chambre à coucher, il y en a un vrai massif... et surtout ne bougez sous aucun prétexte... aucun, vous m'entendez ? ..

MADAME X... — Oui, madame, et... je vous remercie...

LA MARQUISE. — Attendez donc à tout à l'heure, vous me remercierez de bien meilleur cœur, vous verrez... Vous ne voulez rien manger ?

MADAME X... — Ah ! grand Dieu, non !

LA MARQUISE. — Moi, j'ai faim! ça creuse de parler tant que ça de choses sérieuses!... Ils sont détestables ces gâteaux!... et à boire!... du champagne! C'est un manque de tact absolu!... ça m'étonne de Xaintrailles, ça! pour une fille, à la bonne heure! et encore! Une femme ne boit pas de champagne dans la journée, excepté aux courses... quand on n'a le choix qu'entre ça ou de l'eau sale... et qu'on a trop soif pour attendre...

MADAME X... — Il me semble qu'on monte?...

LA MARQUISE. — Vite dans la chambre, et ne bougeons plus!

On frappe trois coups.

LA MARQUISE, *d'une voix retentissante.* — Entrez!!!

XAINTRAILLES. — Vous!

LA MARQUISE, *étendue sur un des divans, la bouche pleine.* — Vous pourriez dire : « Vous, madame? » ça exprimerait l'étonnement aussi bien, et plus poliment.

XAINTRAILLES, *ahuri.* — Vous ici?

LA MARQUISE. — On dirait que ça ne vous fait pas plaisir?...

XAINTRAILLES. — Enfin, je voudrais savoir?...

LA MARQUISE. — Pourquoi c'est moi qui suis là, et non madame X...? Est-ce cela?

XAINTRAILLES. — Précisément.

LA MARQUISE. — Eh bien! c'est parce que madame X... m'a chargée de la remplacer... Oh! pas tout à fait... tranquillisez-vous.

XAINTRAILLES, *nerveux*. — Enfin, que signifie?...

LA MARQUISE, *calme et souriante*. — Mon Dieu, mon cher Xaintrailles, madame X... vous a attendu... Quand on attend, on réfléchit : donc elle a réfléchi, et elle m'a priée de vous dire qu'elle ne vous aime pas du tout, qu'elle s'est trompée... grossièrement.

XAINTRAILLES, *de plus en plus nerveux*. — Grossièrement est de trop, madame.

LA MARQUISE. — Croyez-vous? Dans ce cas je retire le mot... en son nom. Ce qu'il y a de certain c'est qu'elle ne vous aime pas !...

XAINTRAILLES. — Bah !! Et qui donc aime-t-elle ?

LA MARQUISE. — Mais, son mari probablement !

XAINTRAILLES. — C'est invraisemblable.

LA MARQUISE. — Comment ! Vous supposez qu'une... concurrence quelconque a soufflé sur le petit échafaudage que vous aviez si soigneusement construit ? car, l'avez-vous assez soigné, hein ! celui-là ? Dites-moi : pourquoi n'aimerait-elle pas son mari, cette petite?

XAINTRAILLES. — Un lourdaud pareil? allons donc!

LA MARQUISE. — Eh ! eh ! ça dépend des goûts, cela; sans contredit, Xaintrailles, vous portez mieux que

lui un habit ou un élégant costume de fantaisie,
mais en costume... pas très... en costume de bain,
par exemple ! la comparaison est tout à l'avantage
de M. X... et dame !...

XAINTRAILLES. — Elle se repentira de s'être mo-
quée de moi !

La MARQUISE. — Que ferez-vous ?

XAINTRAILLES, *suivant son idée*. — C'est son
mari peut-être qui s'est douté...

LA MARQUISE. — Je ne pense pas. Je crois que
s'il s'était « douté » vous ne seriez pas ici en ce
moment.

XAINTRAILLES. — Un duel avec le notaire ! Ah !
ça serait un comble !

L'a MARQUISE. — Le comble du ridicule pour
vous, c'est vrai.

XAINTRAILLES — Cela dépendrait du résultat.

LA MARQUISE. — Non ! quel que soit le résultat,
vous seriez grotesque ! ! Vous le blessez ? « Quelle
brute que ce Xaintrailles (disent les amis) ! Aller
s'attaquer à un malheureux notaire ! » Il vous
blesse ? « Ah ! la bonne farce, Xaintrailles blessé par
le notaire ! » Total, huit jours de potins ! Ça nous
fera passer le temps ici. C'est toujours ça.

XAINTRAILLES. — Mais Lucie est venue ?

LA MARQUISE. —Ah ! ne l'appelez donc pas Lucie,
vous n'avez aucun droit à le faire.

XAINTRAILLES, *d'un ton presque menaçant.* — C'est vous qui avez mené tout cela ?

LA MARQUISE, *de plus en plus souriante.* — Parbleu !

XAINTRAILLES. — Et vous en convenez ?

LA MARQUISE. — Mais oui.

XAINTRAILLES. — Me ferez-vous l'honneur de me dire ce qui vous a poussée à vous mêler de mes affaires ?

LA MARQUISE. — De « vos » affaires ? Je ne m'en suis occupée en rien.

XAINTRAILLES. — Ne jouons pas sur les mots ! des affaires de Madame X... si vous préférez ?

LA MARQUISE. — Je préfère. Eh bien ! Madame X... me plaît ; elle est honnête, tranquille, heureuse ; j'ai désiré la voir rester tout cela ! J'ai vu que vous alliez jouer dans sa vie paisible un rôle court mais marqué, je l'ai prévenue de ce qui l'attendait, à la place de ce qu'elle croyait trouver, et voilà !

XAINTRAILLES. — Et comment avez-vous su cela ?

LA MARQUISE. — Oh ! très simplement ! Vous étiez appuyé contre la cabine dans laquelle je me rhabillais hier, lorsque vous avez tout raconté au mari ; vous ne me saviez pas là...

XAINTRAILLES, *railleusement.* — Non ! et puis, quand même je l'aurai su, j'ignorais que vous

10.

protégiez la vertu menacée... à présent! depuis quand travaillez-vous ça ?

LA MARQUISE. — Depuis hier !

XAINTRAILLES. — Ah ! Eh bien ! mais, vous êtes déjà d'une assez jolie force... je sais bien que... l'expérience fait beaucoup...

LA MARQUISE, *gaiement*. — Précisément. Eh ! eh ! Xaintrailles, vous avez le mot terrible, savez-vous cela ? Vous l'aimiez donc bien, cette enfant ?

XAINTRAILLES. — Nullement. Mais elle a des gaucheries qui m'amusent ; elle a une peur de moi !... Et la mère donc ? un vieux trumeau !... Je crois toujours qu'elle va m'appeler « monseigneur ». Et la jeune femme ? il lui est arrivé de me dire : « Monsieur le comte. »

LA MARQUISE. — Le prestige de la noblesse sur ceux qui, pourtant, la détestent le plus ! Mais enfin ce n'est pas pour ce motif que vous aviez uniquement choisi.... ?

XAINTRAILLES. — Ma foi, non, il devait y avoir autre chose, mais j'ai oublié quoi.

LA MARQUISE. — Allons-nous-en ! il est tard, et nous ne sommes plus ici pour nous amuser. C'est égal, mon pauvre Xaintrailles, je n'aurais pas cru qu'un titre pouvait faire oublier absolument tout ce qui manque au reste ! (*Elle cherche son chapeau.*)

XAINTRAILLES. — Merci, pour cette bonne parole, je sais bien que je n'ai plus vingt-cinq ans, mais...

LA MARQUISE. — Moi non plus !...

XAINTRAILLES. — Et puis, tout le monde n'a pas comme vous le mépris des titres, et il y a des gens qui, même dans notre monde, prisent fort les parchemins...

LA MARQUISE. — Disons donc pas de bêtises entre nous, il n'y a personne sous les meubles !... Vous vous rendez compte, aussi bien que moi, qu'il n'existe plus qu'un seul titre de noblesse : « l'argent ! » Trente-deux quartiers !! quelle blague!! Trente-deux millions !! à la bonne heure ! Moi, j'accorde aussi une petite place à l'intelligence et une autre à la beauté; mais peu de gens suivent mon exemple. Quant aux parchemins, tout le monde sait que, à présent, ils sont exclusivement le refuge des rats et des imbéciles !

XAINTRAILLES. — Permettez...

LA MARQUISE. — Vous voyez bien que c'est vrai, puisque vous vous moquiez tout à l'heure de la mère X... et de sa fille qui gobent encore ça...

XAINTRAILLES. — Je me moquais... je me moquais... parce que, en me trouvant en face de vous, je comprenais qu'il n'y a que les femmes comme vous qui comptent vraiment dans nos existences, à nous autres ! Vous avez toutes les séductions, toutes les finesses, tous les raffinements, ce que rien ne remplace et ne fait oublier, ce qui...

LA MARQUISE. — Assez ! assez ! On croirait, ma parole, que vous glissez sur la pente de la déclaration.

XAINTRAILLES. — Eh bien, oui, là, je glisse ! Pourquoi ne l'avouerai-je pas ?

LA MARQUISE, *riant.* — Parce que c'est trop drôle ! Vous arrivez ici la... bouche enfarinée, croyant y rencontrer un morceau de roi cuit à point ; au lieu de ça, vous y trouvez, quoi ? la marquise, gaie, bonne enfant, belle même, mais enfin, rasant la « seconde » jeunesse... comme disent les gens polis...

XAINTRAILLES. — Mais, moi aussi je la rase... cette seconde jeunesse !...

LA MARQUISE. — Vous voulez dire que vous l'avez rasée, et si bien même, si complètement qu'il n'en reste plus guère que le souvenir...

XAINTRAILLES. — Vous êtes sévère...

LA MARQUISE. — Mais juste ! car je reconnais que si vous êtes un peu... comment dirai-je ?... un peu effeuillé... vous devez, sans aucun doute, posséder largement les qualités. .

XAINTRAILLES. — Du cœur...

LA MARQUISE. — Pas précisément, mais de ce qui le remplace... souvent avec avantage... Seulement tout ça, mon cher Xaintrailles, ça n'a plus de valeur pour un vieux cheval de trompette comme moi..

XAINTRAILLES. — Oh !

LA MARQUISE. — De même que moi, je ne puis plus être pour vous qu'une valeur... de passage...

XAINTRAILLES. — Je n'ai pas l'intention de nier ça, mais quelle... valeur représentait donc pour moi madame X... croyez-vous... ?

LA MARQUISE. — Mais une valeur... de portefeuille, à conserver soigneusement, et... toujours?

XAINTRAILLES. — Flûte !

LA MARQUISE. — Flûte est raide pour cette pauvre petite !...

XAINTRAILLES. — Une petite sotte ! elle a vingt-cinq ans, cette femme-là ! Eh bien ! imaginez-vous, ma chère marquise, qu'elle était convaincue que j'allais lui consacrer ma vie... que j'irais dîner chez elle, avec sa famille, et jouer au loto après dîner, probablement ?...

LA MARQUISE. — Enfin ! c'était son premier faux pas, à cette enfant ! il faut lui en savoir gré...

XAINTRAILLES. — Oui, d'autant plus que ce premier faux pas était son seul mérite.

LA MARQUISE. — Oh ! elle est jolie ! très jolie même ?

XAINTRAILLES. — Oui, si on veut ! Mais aucune élégance, pas trace de ce je ne sais quoi...

LA MARQUISE. — Que nous avons, nousautres!... habitudedu feu!...

XAINTRAILLES. — Eh bien, soit! habitude du feu, si vous voulez ? Le tout est de savoir s'il vaut mieux mener au feu un conscrit ou un...

LA MARQUISE. — Un ancien! ne vous gênez pas...

XAINTRAILLES. — Ça aurait pu m'attirer un tas d'ennuis, cette histoire, en y réfléchissant! la mère, le mari, les frères, j'aurais pu avoir tout ça sur le dos à un moment donné...

LA MARQUISE. — Tandis qu'avec cette bonne marquise, rien à craindre... alliance conclue librement, en pleine connaissance de cause, sans inquiétude du résultat de part ni d'autre, rompue avec la même facilité, sans lutte, sans intervention de puissances étrangères, sans hostilités... et ainsi M. de Xaintrailles pourrait couler, sans trop s'assommer, les huit jours qu'il doit passer ici encore... madame de V... lui ayant accordé un petit congé... illimité... Est-ce exact ?

XAINTRAILLES, *vexé*. — Il est fâcheux, chère madame, que chez vous le sens pratique soit si développé, qu'il fasse tort...

LA MARQUISE. — Aux autres ? Que non pas !... Affaire de circonstances tout ça. Voyons, Xaintrailles, vous avez beau m'en vouloir de la petite crasse que je vous ai faite, vous n'avez pas, je pense, la prétention de me rouler ?...

XAINTRAILLES. — Oh !!! rouler !!!

LA MARQUISE. — Nous nous connaissons depuis 1862, je crois ?... cela fait dix-huit ans. Je vous vois tel que vous êtes, moi, vos petites imperfections ne m'échappent pas.

XAINTRAILLES. — Si vous vouliez, pourtant?

LA MARQUISE. — Quoi donc ?

XAINTRAILLES. — Oh ! vous allez plaisanter encore et toujours ! mais je vous jure que je suis sincère, en vous suppliant de...

LA MARQUISE. — D'utiliser vos fleurs, vos bougies, et le reste ? Ce pauvre Xaintrailles, qui voudrait n'avoir pas fait une course inutile et fatigante ?

XAINTRAILLES. — Vous êtes méchante.

LA MARQUISE. — Non, mais je veux rentrer, et faire sortir de cette chambre madame X... qui doit étouffer dans son bosquet de lauriers-roses...

XAINTRAILLES. — Madame X...

LA MARQUISE. — Oui; elle doutait de mon désintéressement, elle avait foi dans votre belle passion. Moi, j'ai tenu à la convaincre, et je n'ai pas mal fait, je crois, car pour qu'il ne fût pas dit que vous aviez été joué, vous l'auriez poursuivie de nouveau et ressaisie sûrement, tandis qu'à présent...

flûte ! pour employer votre expression favorite...

Xainirailles. — Alors, moi, je n'ai plus qu'à m'en aller ?

La marquise. — Dame, il me semble que c'est ce que vous avez de mieux à faire !

ORÉMUS

Une petite chapelle à X... La messe va commencer.

Madame la duchesse de Grandfeu. — Brune extrêmement
pâle; des yeux noirs énormes. Trente-huit ans. Aucune
élégance, mais beaucoup d'étrangeté. Physionomie bizarre
et tourmentée. Toilette noire, voile épais.— Elle se prosterne violemment, la tête dans ses mains.

— Ah !!! j'arrive à temps ! Vous le voyez, mon
Dieu, si je suis un peu... ardente à un autre culte
que le vôtre, vous n'en souffrez pas pour cela ! Je
ne vous néglige pas à cause de « lui !! » Oh ! Seigneur, faites qu'il ne cesse jamais de m'aimer, j'en
mourrais ! Je l'aime comme je n'ai jamais aimé ! Je
sais bien que souvent j'ai dit cela... Voyons, au
fait... combien de fois l'ai-je dit?... En 65 ?...
Oui... mais c'était la première fois; j'étais bien
jeune !... En 66 ?... Rien... En 67 ?... Oh ! plusieurs fois !... C'était l'année de l'Exposition !...
En 68 ?... Henry ! Henry tout seul ! J'étais quelquefois raisonnable... En 69 ?... Voyons, je ne

11

me rappelle plus... Ah! c'est bizarre!... Enfin!
70?... C'était pendant la guerre! On s'ennuyait
ferme et il y avait tant de gens à consoler; les fautes
de 70 et de 71 ne peuvent vraiment pas compter,
Seigneur!... Depuis?... Eh bien! depuis j'ai été...
faible; je le sais, je l'avoue humblement, mais je
ne puis pas faire autrement, c'est plus fort que moi,
et d'ailleurs, cette fois, je mérite l'indulgence!... Il
est si charmant avec ses cheveux blonds et ses
grands yeux bleus, et il aime si... tendrement!!...
Vous-même à ma place n'auriez pas résisté, mon
Dieu! Où donc est-il? Je ne le vois pas! Il devrait
pourtant être arrivé! Est-ce qu'il ne viendrait pas?
Il a peut-être du service! Cependant, hier il m'a-
vait dit qu'il serait libre! (*Elle se retourne.*) Et
moi qui ne suis venue ici que pour le voir! (*Elle
se prosterne.*) Vous me pardonnerez, mon Dieu,
car j'ai beaucoup aimé, et vous avez trouvé de
douces paroles pour rassurer celles qui sont dans
mon cas! Ah! voilà le prêtre qui monte à l'autel.
Il ne viendra plus maintenant! C'est fini! (*Elle
regarde encore derrière elle.*) Allons! bon! mon
mari à présent! Quelle tête, Seigneur! Regardez-
le... sans parti pris... Voyons, franchement, là!...
Est-ce que je ne mérite pas des compensations?

Le Prêtre. — *In nomine Patris et Filii et Spi-
ritus Sancti* . . . .

Une dame — Grande et brune, quarante ans; a dû être
assez belle. Sourcils durs, lèvres minces, toilette très
élégante, belle taille fortement comprimée. Livre de messe
superbe. Armoiries grandes comme la main sur la couverture. Paraît lire attentivement la messe.

.   .   .   .

— Voilà encore madame de Grandfeu qui se retourne pour voir si ce petit serin de Tourneuil arrive ! Elle a un toupet infernal, cette femme-là !...
Elle peut regarder !... il ne viendra pas. Seigneur !
figurez-vous que, hier soir, ils sont passés, elle et
Tourneuil, sur le cours, sous ma fenêtre, et ils se
sont arrêtés pour causer, j'étais derrière mes per-
siennes... elle disait:

— A demain, à la messe de onze heures !

Alors, je me suis arrangée pour que, ce matin,
mon mari colle du service à ce petit imbécile, et,
dans ce moment-ci, il est au quartier, pendant que
cette effrontée regarde, comme ma sœur Anne, et
ne voit rien venir. C'est bien, ce que j'ai fait là,
n'est-ce pas, mon Dieu ?... d'empêcher ce rendez-
vous dans votre maison ?...

Elle lit:

« *Seigneur, remplissez-moi de votre esprit, et
que mon cœur, dégagé de la terre, ne pense qu'à
vous...* »

— C'est qu'il est charmant, Tourneuil ! beau

garçon, intelligent, vigoureux ! C'est fâcheux de le voir tombé en de pareilles mains !... Pauvre petit ! C'est le seul officier du régiment à qui je ne voudrais pas faire de mal... au contraire ! du reste, je ne le vois presque jamais... L'autre jour j'ai cherché à lui insinuer que nous nous plaignions, mon mari et moi, de l'irrégularité de ses visites... il m'a répondu que « si on était content de la régularité de son service, ça lui suffisait, » et il m'a dit cela d'un ton !... Cette mégère lui aura défendu de venir chez moi, c'est clair !... Elle le garde comme le lait sur le feu ! elle a une peur qu'on le lui enlève !... La voilà qui se retourne pour voir s'il vient... Ah ! non ! elle dit bonjour à la marquise ! Encore une que je ne porte pas dans mon cœur, celle-là ! Je trouve que ces beautés parfaites, insolentes, n'ont rien d'agréable; d'ailleurs, le talent de la couturière est pour moitié dans la beauté de la marquise !... Et la petite baronne, là, derrière, c'est le contraire !... Est-elle assez poseuse avec ses robes unies et ses cheveux plats !... On dit que la marquise donne un grand bal à Villegarde pour le Comice agricole... je n'ai pas encore reçu d'invitation... Il me semble pourtant que la situation de mon mari... Comment !!! Voilà Tourneuil qui arrive ! et il n'est pas onze heures et demie ! j'avais dit à mon mari qu'il fallait le tenir jusqu'à midi !..

Ah ! je vais lui flanquer en rentrant une danse dont
il se souviendra !...

La marquise. — Plus belle ce matin que jamais. Robe de
mousseline des Indes garnie de malines anciennes. Chapeau de paille à plumes blanches.
Elle lit :

« *Que tous ceux qui sont présents à ce divin sacrifice obtiennent votre bénédiction, Seigneur !...* »
· — Je voudrais tant faire épouser Gilberte à mon
neveu Jacques !... C'est un bijou, cette petite !...
Mon Dieu ! voyez !... Je les ai réunis exprès à
Villegarde !... Gilberte n'a rien deviné, mais elle
s'est laissée aller tout de suite vers ce beau grand garçon, plein de bonté et d'entrain ; Jacques a bien deviné, lui, et cependant il s'est laissé cerner par toutes
les vieilles coquettes que j'ai invitées pour faire res-
sortir la gentillesse et la fraîcheur de ma filleule !...
J'ai fait là une sottise !... Elles s'en sont emparées,
et elles le garderont cette fois-ci encore !... Mon
Dieu ! vous qui pouvez tout ! je vous en prie ! ouvrez les yeux de Jacques !... Montrez-lui que la
duchesse a les cheveux rares le matin et trop abondants le soir... Que la comtesse, qui est énorme
lorsqu'on l'aperçoit en peignoir, est très mince
lorsqu'elle est habillée, ce qui prouve une... élas-
ticité regrettable !... Du reste, quand elle pose son
bras nu sur la table, il s'aplatit comme une glace

qui fond! Enfin, mon Dieu! vous qui devez voir
tout cela bien mieux que moi, prenez-vous-y adroitement pour le prouver à Jacques... d'une façon
certaine!... Conduisez-le ensuite vers l'amour de
petite femme qu'il n'a pas même vue encore,
mariez-les et faites qu'ils soient toujours heureux!... Si vous menez bien cette affaire-là, mon
Dieu, moi, je ferai reconstruire le chœur et l'autel
de l'église de Villegarde; ils en ont bien besoin...
et puis je donnerai dix mille francs au curé pour
ses pauvres! Il n'y en aura plus, de pauvres!... Ça
serait si gentil de faire ce petit mariage-là; d'ailleurs ça n'est pas difficile, ils sont faits pour se
rencontrer, ces enfants! Seulement, il y en a un
qui tourne le dos à l'autre; retournez-le, mon
Dieu!! Voulez-vous?

GILBERTE, dix-sept ans, blonde, les yeux verts, le nez retroussé; bouche rieuse, teint de camélia rose; taille ronde
et souple. Pas jolie, mais pire. Toilette de batiste rosée.
Chapeau de grosse paille orné de velours grenat et de
framboises naturelles.

— Mon Dieu! vous savez aussi bien que moi
ce que je vais vous demander... tout le temps!...
N'est-ce pas que vous le savez bien?... Mais c'est
égal, je vais vous le dire tout de même!... Faites
que M. Jacques me regarde un peu... seulement
un peu... Après, je me charge du reste!... Je le

trouve si bon, si gentil, si différent des autres !... et lui ne se doute même pas qu'il existe une petite Gilberte qui ne pense qu'à lui !... J'ai l'air étourdie, enfant gâtée, mais je vous assure, mon Dieu, que je ne serais pas une mauvaise petite femme si j'aimais bien ! et j'aime bien M. Jacques !...

Je sais que je ne suis pas jolie, jolie, mais je suis aussi bien que ces dames qu'il admire tant !... et je suis plus fraîche, moi !... Elles ont l'air d'être ses tantes !... C'est drôle, ça ; ma marraine qui l'est, sa tante, paraît toute jeune, tandis que ces dames, avec leur rouge et leur blanc !... Pouah !... Après ça, il ne s'en aperçoit peut-être pas... du rouge et du blanc... et elles sont bien plus gaies, bien plus amusantes que moi !... Elles peuvent dire un tas de choses que je ne sais même pas... mais il me semble qu'il y en a d'autres que je dirais mieux qu'elles !... Est-ce que vous ne croyez pas, mon Dieu ?... Tous les soirs Jacques s'assoit sur le pouff devant la cheminée, alors elles l'entourent, elles l'enferment dans un cercle de fauteuils, et il ne sort plus de là jusqu'à deux heures du matin... C'est moi, mon Dieu ! qui ne m'amuse pas pendant ce temps-là, allez !... Quand on danse, c'est la même chose ; je joue les valses. Ma marraine me dit toujours : « Danse donc, Gilberte, je vais jouer à ta place. » Mais j'aime mieux rester au piano, *il*

ne me fait jamais danser, et valser avec le sous-
préfet, le général (car il danse, mon Dieu! le général, à son âge!...), les officiers et tous les petits
jeunes gens qui viennent à Villegarde, ça m'ennuie!... Avec cela, presque tous me font la cour...
à cause de ma dot... Ces demoiselles me roulent
des yeux, et je n'y puis rien. Je vous assure, mon
Dieu, que je ne me soucie pas du tout de ces jolis
messieurs. Il ne faut pas que je paraisse triste, non
plus... Ma pauvre marraine!... si elle se doutait
que j'ai du chagrin, ça lui ferait de la peine... et
moi j'aurais une honte!!... Avec vous, mon Dieu!
je ne suis pas honteuse, je vous dit tout!... d'a-
bord, si je ne vous disais rien, vous le sauriez tout
de même?... S'il pouvait faire attention à moi, une
toute petite fois!... Est-ce que vous ne croyez pas,
dites, mon Dieu! que « j'aimerais bien » quelqu'un que j'aimerais?...

UNE INVITÉE DE LA MARQUISE, vingt-huit ans; très brune,
vive, remuante, fine, drôlette. Robe de linon blanc très
simple, grand chapeau de paille couvert de chèvrefeuille
naturel.

— Tiens!... j'ai oublié mon livre!... Au fait...
je ne l'ouvre jamais... Ainsi!... j'ai cru que je ne
serais pas prête... la voiture attendait et les chevaux
s'impatientaient... c'est-à-dire, les chevaux... on
leur a mis cela sur le dos... Moi, je crois que c'était

le marquis !... Enfin, heureusement, je n'ai pas été
la dernière, la duchesse était bien plus en retard
que moi, et encore elle n'avait pas eu le temps
d'accrocher tous ses cheveux !... Est-elle assez
laide, ce matin, cette pauvre duchesse !... et Jacques qui ne cesse de s'occuper d'elle, au lieu de flirter
avec cette adorable petite Gilberte, qui, je crois, ne
demanderait pas mieux !... C'est incompréhen-
sible !... C'est qu'il s'occupe aussi de la comtesse !... décidément, elles sont inséparables, ces
dames, à condition, toutefois, qu'on ne leur rende
pas d'hommages trop... séparés !... Pour ça, elles
se surveillent, elles se guettent !... Moi, je ne
compte pas pour Jacques, et il ne compte pas pour
moi ! J'ai été élevée avec lui et je vais profiter de
cette intimité pour lui dire qu'il est un sot !... laisser échapper une ravissante femme et un mariage
superbe, pour le plaisir de s'afficher à côté de ces
deux vieilles... enseignes !... C'est immense, allez ;
mon Dieu ! comme les hommes sont bêtes !... Si
vous saviez combien on juge mieux cela à la campagne ! Ainsi, à Villegarde, il y a deux femmes
qui... ne sont pas sauvages... du tout... Eh bien !
excepté Jacques, personne ne fait attention à elles,
et tous les jeunes gens (y compris le général) font
une cour assidue et... pressante... à Gilberte ou à
moi !... pour des motifs différents... Gilberte ne

s'en aperçoit même pas, parce qu'elle ne regarde
que Jacques; moi, je les envoie promener parce
qu'ils m'ennuient !...

Enfin, mon Dieu, pour vous donner une idée...
vendredi, il y en a *trois* qui m'ont déclaré qu'ils
m'adoraient !... Est-ce assez bête ? Toujours la
même chose, le fond ne varie jamais... et la forme
varie bien peu ! Faut-il que tous ces gens-là soient...
inoccupés, pour que trois aient la même idée le
même jour ! Justement vendredi Jacques était à
Paris et la duchesse et la comtesse absolument...
vacantes... J'avais envie de dire: Non, merci, pas
moi, mais allez à côté, frappez et l'on vous ou-
vrira... C'est bien inconvenant, mon Dieu, de
penser à tout cela en votre présence, mais il m'est
impossible de donner à mes idées le cours que je
veux !... Et voyez-vous, je vaux plus cher que je
n'en ai l'air... Vous qui me connaissez, vous savez
bien que si vous m'avez faite mal élevée, inconsé-
quente et tapageuse, du moins je ne suis pas méchante; n'est-ce pas, je ne suis pas méchante ?
Cette pauvre petite Gilberte, elle a les yeux rouges,
elle a pleuré !... Mon Dieu, je vous en prie, faites-
lui épouser son Jacques ! Elle est bonne, douce et
tendre, et bien sûr vous n'avez rien à lui repro-
cher... à elle ! Si vous faites ça, je vous promets de
n'être pas coquette et de me tenir sérieusement pen-

dant... un mois... Est-ce bien cela, dites ?...
Quelle est donc cette dame opulente qui lance des
yeux furieux à madame de Grandfeu ? Je ne l'ai pas
vue à Villegarde !... Ça doit être l' « épouse » d'un
militaire ! Est-ce que vous ne trouvez pas, mon
Dieu, que presque toutes les femmes d'officiers ont
un faux air de vieux soldats ?... Après ça, c'est
peut-être une idée !... Mon Dieu, je vous demande
vraiment pardon du peu de tenue de mes pensées
pendant cette messe... Je vous aime pourtant, parce
que j'aime tout ce qui est bon et grand et que je
vous vois comme cela dans mon imagination qui
galope toujours... Elle galope même tant qu'elle
devrait être depuis longtemps sur ses boulets... Eh
bien ! pas du tout !... Pardonnez-moi tout ça, mon
Dieu ! Voyez-vous, j'ai une fichue nature, mais je
le reconnais !... Ah ! et puis... n'oubliez pas Gilberte et Jacques ! Je vous en prie, vous y pen-
serez ! !

L'ÉDUCATION DE L'ABBÉ

Une allée dans la forêt. Dans un landau bien attelé, la duchesse douairière de X... Soixante-dix-neuf ans. A été ravissante, et ça se voit. Cheveux tout blancs. Tournure élégante encore. Beaucoup d'originalité, pense un tas de choses saugrenues, et les amène à la surface sans aucun souci de l'interlocuteur.

LA DUCHESSE.— J'ai manqué l'abbé à la sortie de la messe! je voulais le ramener. Ce pauvre abbé! tous les dimanches les enfants s'arrangent pour qu'il fasse la route à pied! C'est inconvenant! Ah! le voilà qui prend le petit sentier! Hé! l'abbé? l'abbé?... (*Elle fait arrêter.*)

L'ABBÉ, *bonne figure rose et joufflue, l'air ouvert et intelligent, 50 ans.*— Vous m'appelez, madame la duchesse?

LA DUCHESSE.— Ne prenez donc pas votre air innocent. Vous savez parfaitement que c'est pour vous ramener. Allons, voyons, montez vite.

L'ABBÉ, *après être monté*. — Je vous remercie bien de me prendre en voiture, car, par cette cha-eur...!

LA DUCHESSE. — Pourquoi ne dites-vous pas aux enfants de vous attendre à la sortie?...

L'ABBÉ. — Les enfants m'ont sur le dos toute la semaine, et il est naturel que le dimanche...

LA DUCHESSE. — Je comprends ça pour les petits, mais les grands?...

L'ABBÉ. — Les grands m'ont eu pendant quinze ans, et dame..., à présent... ils se donnent de l'air !

LA DUCHESSE. — Vous dites...?

L'ABBÉ. — Je vous demande pardon, madame la duchesse, le jargon des enfants déteint sur moi; j'ai beau me surveiller, à chaque instant je me sur-prends à parler la langue verte.

LA DUCHESSE. — Moi aussi, ça m'arrive ! Oh ! du reste, voyez-vous, l'abbé, quand on a été élevée, comme moi, en entendant parler le langage mièvre et prétentieux d'autrefois, on trouve que malgré tout celui d'aujourd'hui a du bon dans son extra-vagance... Seulement, vous, tâchez d'éviter ça en prêchant, ça ferait un effet...!

L'ABBÉ. — Désastreux, madame la duchesse, dé-sastreux. C'est ce que je me dis tout le temps, quand ces diables de mots m'arrivent malgré moi.

LA DUCHESSE. — Quels sont donc ceux que j'aperçois là-bas, le long du bois ? Décidément ma vue baisse.

L'ABBÉ, *se penchant.* — C'est M. Gérard et madame de Grandfeu.

LA DUCHESSE. — Tiens ! A pied, ça m'étonne ! Ce paresseux de Gérard ! Il n'y aura pas eu de place pour tout le monde ! Mais j'aurais bien pu ramener madame de Grandfeu, moi ; l'église est très loin, ils en ont pour une heure à pied.

L'ABBÉ. — Il en est encore temps, madame la duchesse, et si vous voulez...

LA DUCHESSE. — Bah ! non, laissez-les ; maintenant nous sommes casés. Je me demande comment, ce soir, je vais les envoyer tous en voiture à ce dîner chez les Tydrac. Ils sont si nombreux ! Dans quoi va-t-on les nicher, les femmes surtout ? Elles tiennent une place !

L'ABBÉ. — Ce ne sont pas les toilettes toujours qui tiennent de la place ; elles sont d'un collant ! ! ! Il n'y a d'ampleur que dans la traîne, et ces dames ont le soin, en voiture, de la relever... très haut et de l'étaler sur les genoux des voisins, qu'elles couvrent complètement...

LA DUCHESSE. — En découvrant les leurs ?

L'ABBÉ. — Je ne dis pas ça, madame la duchesse, je ne dis pas ça...

LA DUCHESSE. — Voyons les chargements. D'abord le landau, avec les chevaux noirs... On mettra dedans le général, madame de Lépine et le petit ménage d'Auvert. Ensuite le panier, avec les poneys; Gérard conduira et prendra avec lui madame de Grandfeu. J'espère qu'il ne fera pas de bêtises, cet étourneau-là ! C'est que ça m'ennuierait beaucoup ; elle m'est confiée par son mari, qui est aux grandes manœuvres, et dame... si mon petit-fils allait...?

L'ABBÉ. — Oh ! madame la duchesse, pour ça, il n'y a pas de danger !

LA DUCHESSE.— Hum ! je n'en répondrais pas !... Vous avez une confiance... Elle a l'air... imprudent, cette petite femme-là, et encore je dis « imprudent » pour être polie.

L'ABBÉ. — C'est égal, ce ne serait vraiment pas de chance ! Il n'est jamais arrivé le moindre accident à M. Gérard et, pour un début, il serait bien fâcheux de tomber précisément sur...

LA DUCHESSE.—Comment, un « début ? » (Riant.) Ah ça, voyons, l'abbé, ne disons pas de bêtises entre nous !... vous n'êtes pas assez... jeune pour croire sérieusement que Gérard, à vingt-cinq ans, n'a jamais eu... d'accidents, comme vous dites ?

L'ABBÉ. — Oh ! je ne dis pas qu'il ne lui en est

pas arrivé de petits... sans gravité... comme à tout le monde... mais...

LA DUCHESSE. — Mais, sapristi! l'abbé, qu'est-ce que vous dites?

L'ABBÉ. — Je dis, madame la duchesse, que moi, qui n'ai pourtant pas beaucoup l'habitude de ces choses-là, j'irais avec M. Gérard au bout du monde, sans la moindre appréhension... et pourtant je suis un peu poltron... en voiture!

LA DUCHESSE. — Mon pauvre abbé! il s'agit bien de ça; je vous dis que je ne suis pas tranquille, parce que je crains que Gérard profite de ce long tête-à-tête pour faire la cour... activement à madame de Grandfeu... Là, comprenez-vous?

L'ABBÉ. — Oh!! madame la duchesse!

LA DUCHESSE. — Enfin! à la grâce de Dieu! Ce n'est pas tout... il en reste encore sept à brouetter. Tant pis! ils s'empileront dans le break. Mais qu'est-ce qu'on y attellera au break? Je ne veux pas qu'on se serve de ma vieille Léda quand ce sont mes petits-fils qui conduisent. Reste le grand bai; que mettre avec lui? Il y a bien le cheval rose.

L'ABBÉ. — Oh!!

LA DUCHESSE. — Eh! oui, je sais bien, il est trop laid! Les enfants ne voudront jamais... Ève, sur-

tout. Cette petite a des dédains pour tout ce qui
n'est pas parfaitement beau...

L'ABBÉ. — Il est certain que mademoiselle Ève
est très difficile...

LA DUCHESSE. — Pauvre petite, elle est si gentille! c'est ma préférée!...

L'ABBÉ. — Mademoiselle Ève a de grandes qualités ; elle est gaie, intelligente, bonne.

LA DUCHESSE. — Et jolie, donc! N'oublions pas
ça !...

L'ABBÉ. — Ça ne vient qu'en second lieu, madame la duchesse!...

LA DUCHESSE. — Ah! ouiche! Vous savez aussi
bien que moi que, quoi qu'en disent les gens sérieux, la beauté est plus nécessaire que le reste! Eh
bien! Ève est mieux que belle! Elle vous a un petit nez si drôlement retroussé, des grands yeux si
profonds. Et les détails! ainsi elle a des fossettes,
ah!! l'abbé!! des fossettes, je ne vous dis que ça!!!

L'ABBÉ. — ......

LA DUCHESSE, *riant*. — Ce pauvre abbé!! Je vous
ahuris complètement, n'est-ce pas ?

L'ABBÉ. — Mais non, mais non, madame la du
chesse.

LA DUCHESSE. — Si, depuis vingt ans que vous
êtes chez moi, vous n'avez pas encore pu vous ha-
bituer à mon sans-gêne de langage. Une vieille

femme et un abbé, voyez-vous, ça peut causer de tout ; c'est même le seul avantage que ça ait..

En tournant un coude de la route, le landau se trouve en face d'une petite allée couverte de laquelle sortent Gérard et madame de Grandfeu. Madame de Grandfeu est très rouge, elle a son chapeau à la main. Tous deux paraissent gênés de la rencontre. Le landau a passé vite, mais la duchesse a très bien vu, l'abbé aussi.

LA DUCHESSE, *après un silence*. — Hum ! hum ! l'abbé ? Qu'est-ce que vous dites de ça ???

L'ABBÉ. — Dame !... Je dis, madame la duchesse... Je crois que nous sommes... fixés.

LA DUCHESSE, *agacée*. — Polisson, va ! Et moi qui allais les emballer dans le panier ! J'aurais fait là du joli ! Seigneur !

L'ABBÉ. — Mon Dieu, madame la duchesse, il me semble... qu'à présent... on peut les y laisser aller sans inconvénient...

LA DUCHESSE. — Eh bien, dites donc, l'abbé, vous avez une morale...

L'ABBÉ. — Je voulais dire que ça ne fera ni chaud ni froid, ainsi...

LA DUCHESSE. — Ni chaud ni froid ! Vous avez des conclusions à étonner un dragon, l'abbé ! Tout ça est très ennuyeux pour moi... Je me moque, au fond, du ménage du père Granfeu, vous comprenez ? Mais sa femme est chez moi, et, après tout, j'aurais dû faire en sorte d'empêcher...

L'ABBÉ. — Mon Dieu, madame la duchesse, je crois qu'on n'empêche pas ces choses-là. Cette dame me paraît difficile à... garder. Du reste, toutes ces dames ont des allures si bizarres ! Les femmes honnêtes doivent être bien rares aujourd'hui.

LA DUCHESSE. — Aujourd'hui ! Ah ! mon pauvre abbé, comme on voit bien que vous êtes jeune !

L'ABBÉ. — Jeune ! Permettez ! j'ai cinquante ans, madame la duchesse.

LA DUCHESSE. — Possible, ça ! Mais moi j'en ai bientôt quatre-vingts. J'ai grandi au milieu des souvenirs du siècle dernier, et je vous assure que c'étaient des souvenirs gais... excessivement gais ! Mais les femmes auxquelles, dans votre innocence, vous trouvez des allures bizarres me semblent, à moi, de vraies saintes, en comparaison des vieux restes du règne de Louis XV, qui, dans ma petite enfance, racontaient leurs prouesses devant moi.

L'ABBÉ. — Diable ! ce devait être raide, alors, car il me semble...

LA DUCHESSE. — Il vous semble mal, l'abbé. Croyez-moi, les vieilles gens sont plutôt disposés à glorifier leur temps aux dépens de celui-ci ; ainsi, ce que je vous dis est vrai, allez ! Autrefois, ces petites irrégularités qui vous choquent si fort semblaient absolument naturelles... Tout ça était si bien... « reçu » que les maris trompés ne regardaient pas cet accident comme un malheur. En revanche, ceux qui n'étaient pas trompés (bien rares, ceux-là) se considéraient comme des privilégiés et tout le monde était content.

L'ABBÉ. — Cependant...

LA DUCHESSE. — Tenez, je voudrais que vous pussiez avoir là-dessus l'opinion du bon Dieu, qui en a vu de plus drôles encore!... Il doit bien savoir, lui, que si la génération actuelle manque de tenue (et je ne conteste pas ça), elle a un bien meilleur fond que les générations précédentes. Je parle des femmes... seulement.

L'ABBÉ. — Mais enfin, madame la duchesse, pour parler comme les enfants, de votre temps on ne « flirtait » pas?

LA DUCHESSE. — Non, l'abbé; on allait droit au fait!

L'ABBÉ. — Oh!!! madame la duchesse!

LA DUCHESSE. — Eh oui! dans mon beau temps, quand je battais mon plein, on était très... coulant pour ces choses-là..., on l'était même trop... Mais, ma foi, on avait une excuse; après les crises qu'on venait de traverser, on éprouvait le besoin de vivre vite et copieusement.

L'ABBÉ. — Mais la Restauration était... rigide?

LA DUCHESSE. — Oui, croyez ça! elle gazait, la Restauration, voilà tout! Elle a, au contraire, inventé un tas de petits perfectionnements! On ne se gênait pas plus qu'avant, mais on dissimulait mieux. Sous le gouvernement de Juillet, c'était la même chose, seulement ça avait perdu l'élégance. Tout était bourgeois en diable et l'amour sentait le pot-au-feu comme le reste.

L'ABBÉ. — Et après?

LA DUCHESSE. — Tiens! tiens! l'abbé! Ça vous intéresse? Après, je n'existais plus, moi, j'étais retirée du monde.

L'ABBÉ. — Eh bien, madame la duchesse, je ne suis pas comme vous, moi, je ne crois pas que le progrès ait enrayé, au point de vue de... ce dont nous parlons...

LA DUCHESSE. — Ah! bah! Voyez-vous ça? les appréciations de l'abbé sur les choses croustillantes, je serais curieuse de connaître ça. Ce sera pour ce soir, où nous dînons en tête-à-tête. Quand les petits seront couchés, vous m'exposerez vos théories, l'abbé. En attendant, vous m'allez rendre un service.

L'ABBÉ. — Bien volontiers.

LA DUCHESSE. — Vous aurez la bonté d'aller faire un petit tour à la cave, pour voir un peu ce qu'y tripotent les enfants. Je deviens trop vieille pour m'occuper moi-même de tout ça, et je suis sûre que Gérard prend les grands vins à tort et à travers quand les invités sont de son goût.

L'ABBÉ. — En ce cas, il doit y en avoir en ce moment, des invités au goût de M. Gérard, car on a servi hier tout le temps un Corton !!! (*Il fait claquer sa langue.*)

LA DUCHESSE. — Hein ? Il est agréable, mon Corton ??

L'ABBÉ. — Agréable? Oh ! madame la duchesse !! on dirait le bon Dieu qui vous descend dans le gosier en une culotte de velours !!!

LA DUCHESSE, *riant.* — Je sais bien ; c'est précisément pour ça que je veux qu'on le laisse tranquille quand on est aussi nombreux, et surtout quand il y a autant de femmes. Les femmes, d'à présent, ne connaissent rien aux vins et ne les aiment pas !

L'ABBÉ. — Excepté le vin de Champagne, pourtant. Madame de Grandfeu, surtout, elle vous siffle ça !! Ah !!

LA DUCHESSE. — Eh bien, vous ferez monter du vin de Champagne à profusion, et vous conserverez dorénavant les clefs, si ça ne vous ennuie pas trop, l'abbé.

L'ABBÉ. — A vos ordres, madame la duchesse.

LA DUCHESSE. — Je vous prierai aussi de faire cueillir les pêches qui sont sous les fenêtres de ma chambre, elles sont admirables ces pêches! Il y en a très peu, mais je n'en ai jamais vu de pareilles!

L'ABBÉ. — Ah! c'est fâcheux, il est trop tard

LA DUCHESSE. — Comment ça, trop tard?

L'ABBÉ. — Oui! ce matin, avant la messe, j'ai vu madame de Grandfeu qui les cueillait avec M. Gérard.

LA DUCHESSE. — Pas celles-là, l'abbé, elles sont trop haut, il faut une échelle.

L'ABBÉ. — Mais ils en avaient une, madame la duchesse. Madame de Grandfeu était sur le dernier échelon, tout en haut, tout en haut; et M. Gérard en bas, qui tenait le pied.

LA DUCHESSE. — Parfaitement! J'y suis, c'est un truc pour lui montrer ses jambes!

L'ABBÉ. — . . . .

LA DUCHESSE. — Saperlotte! mais j'aimerais bien mieux qu'elle les lui montrât sans dévaliser mes pêches !

L'ABBÉ. — Oh! madame la duchesse!!!

LA DUCHESSE. — Eh! parbleu! quand vous prendrez un air pudique! que mes pêches jouent ou non un rôle, ça ne change rien à l'affaire, n'est-ce pas? C'est vrai, depuis trois jours ils sont tout le temps à se trimbaler avec l'échelle à roulettes, et je ne devinais pas pourquoi. Faut-il que je sois bête! A mon âge! je n'y vois pas plus loin que le bout de mon nez! Vous mettrez ordre à ça, l'abbé, je ne veux plus qu'on touche aux espaliers.

L'abbé, *timidement*. — Mon Dieu, madame la duchesse, il est probable que... à présent... ils n'auront plus besoin d'échelle... pour...

La duchesse. — Eh! dites donc, l'abbé? vous allez bien!

L'abbé. — Je veillerai au Corton et aux pêches, madame la duchesse, je veillerai!!!

IN EXTREMIS

En dépit des efforts des d'Esprycour, il était bien
évident qu'on s'ennuyait ferme à Kerfleury cet au-
tomne. Certes, cet excellent vicomte est un aimable
homme, et la belle madame d'Esprycour une maîtresse de maison charmante; mais cela ne suffit pas
toujours, et vraiment, cette année, tout concourait
à rendre le séjour de la campagne assommant. Le
gibier était rare et les invités nombreux. Parmi ceux-
ci, peu de gens gais, excepté les petites de Rirfray
et Jacques; en revanche, beaucoup de gens extrêmement élégants et profondément ennuyeux, et
enfin M. de Beylair, le meilleur ami du vicomte;
c'est lui qui a marié les d'Esprycour, et n'a cessé
depuis lors de veiller sur le ménage; il pense, avec
assez de raison, que son ami est incapable de diri-
ger une femme tout seul, et il le seconde, dans ce
difficile emploi, avec un dévouement admirable,
duquel madame d'Esprycour a, dit-on, été si tou-
chée, qu'elle le récompense depuis quinze ans.

Jamais, pendant ces quinze années, d'Esprycout n'a eu le plus léger soupçon ; il adore sa femme, mais surtout son ami Édouard, qui, du reste, le lui rend bien.

Donc, un soir, après dîner, la jeunesse réunie dans le billard ne savait que faire jusqu'à minuit, et se demandait avec effroi à quoi l'on pourrait bien employer la journée du lendemain. M. et madame d'Esprycour et M. de Beylair étaient dans le grand salon avec les gens sérieux, on causait librement.

— Positivement, on s'assomme ! disait Jacques ; il faudrait tâcher d'organiser quelque chose, n'importe quoi.

— Moi, je veux bien organiser tout ce qu'on voudra, répondait la plus jeune des petites de Rirfray, occupée à faire des carambolages avec sa main, mais encore faut-il avoir une idée, et, quant à moi, je n'en ai pas.

— Le fait est que cette existence manque d'imprévu !

— Comment diable les châtelains ne s'en aperçoivent-ils pas ?

— Oh non ! Ils se suffisent à eux-mêmes.

— Et puis, qui vous dit qu'ils ne s'en aperçoivent pas ?...

— Tous les jours une promenade de deux heu-

res en voiture, ou une promenade de deux heures
en mer, on en a vite assez!

— Pas moi, s'écria l'aînée des petites de Rirfray.
Moi, je n'ai jamais assez de la mer; dedans ou
dessus, je ne me plais que là, et mon rêve serait
de faire une vraie partie en mer, de rester deux ou
trois jours sans revenir à terre; en deux heures,
nous sortons à peine des îles du Morbihan, jamais
on n'a été jusqu'à la pleine mer.

— Vraiment, dit Jacques, si cela vous amuse,
c'est facile à organiser; j'irai demain à cheval à
Vannes, il doit y avoir de grands bateaux pontés,
que l'on peut louer pour quelques jours.

— Oh! que cela serait amusant! mais il faut que
ça convienne aux d'Esprycour...

— Et surtout à M. de Beylair...

— Il n'aime rien...

— Que lui...

— Il est encore très beau; quel âge a-t-il?

— Il doit être du mauvais côté de cinquante
ans...

— Oh! croyez-vous?...

— Mettons quarante-neuf, et n'en parlons plus.
Ce neuf! que de services il rend!...

— Qui est-ce qui va parler du bateau le premier?

— Jacques! puisque l'idée est de lui...

12.

— Ah! ça, non ! Il faut que ce soit une de ces dames...

— A qui s'adressera-t-on d'abord?..

— A M. de Beylair, naturellement.

Et il fut convenu que les petites de Rirfray allaient supplier M. de Beylair. Celui-ci se fit tirer l'oreille; il est même probable que l'entreprise aurait échoué, si cet excellent vicomte n'eût demandé ce que l'on complotait ainsi dans un coin.

. — Mais, c'est tout ce qu'il y a de plus facile ! s'écria-t-il radieux de trouver une distraction à offrir à ses invités, seulement, à Vannes, il n'y a que d'affreux bateaux; demain j'irai à Nantes, et je vous promets de trouver ce qu'il faut.

Très vexé, M. de Beylair mâchonnait sa moustache.

— Tu n'es pas content, parce que tu as souvent mal au cœur en mer, mon pauvre ami, dit gaiement M. d'Esprycour. Mais rien ne te force à nous accompagner; quelque plaisir que nous ayons à te voir, nous ne sommes pas assez égoïstes pour te rendre malade.

Il ne savait pas, le pauvre homme, que pour rien au monde M. de Beylair n'eût consenti à laisser sa femme aller sans lui, à cette partie de bateau. Effroyablement jaloux de madame d'Esprycour, M. de Beylair redoutait l'intimité forcée de cette vie com-

mune avec des jeunes gens, qui tous étaient plus
ou moins amoureux de leur belle hôtesse. Déjà,
dans ce salon, il l'apercevait causant dans un coin
avec Jacques, et cela l'irritait fortement; que se-
rait-ce sur ce maudit bateau, où les coins allaient
être tout petits, où l'on serait empilés les uns sur
les autres? Elles sont bien gentilles les petites de
Rirfray, mais vraiment elles avaient eu là une
fatale pensée!

Le surlendemain à neuf heures du matin, on
s'embarquait sur le bateau déniché à Nantes par le
vicomte.

C'était une espèce de yacht ancien, assez peu
confortable au dehors, mais pas mal arrangé intérieurement. La pièce qui servait de salon était fraî-
chement tendue de cretonne à grandes fleurs. On
était bien sur les divans, très larges et très bas,
adossés à de grandes glaces sillonnées de noms, de
raies, de sentences bizarres. Ce bateau était loué
souvent par la « gomme » de Nantes, c'était une
sorte de restaurant ambulant où on allait dîner
et souper, sans faire même de promenade, uniquement parce qu'on était plus libre qu'en ville.
Il y avait peut-être deux ou trois ans que l'*Anacréon* n'était sorti du port. La cuisine était remarquablement propre et soignée, mais en revanche la
machine, atrocement rouillée et en mauvais état,

semblait hors de service; un capitaine et quatre
matelots montaient le bateau. Le capitaine parlait
français, mais les hommes ne parlaient que breton;
en somme, l'aspect du bateau et de l'équipage n'é-
tait pas extrêmement rassurant!

M. de Beylair en fit la remarque.

— C'est risquer sa vie que monter sur un
sale bateau comme ça, dit-il au vicomte; il faut
que tu sois fou pour avoir ramené un machin
pareil!

— Bah! répondit d'Esprycour, que veux-tu qu'il
arrive? la mer est comme de l'huile, et nous n'allons pas en Chine, après tout.

— Non, mais les côtes sont très mauvaises, tu le
sais bien.

— Que veux-tu, mon cher! j'ai pris ce que j'ai
trouvé, trop heureux de pouvoir être agréable à mes
invités; moi, vois-tu, je ferais n'importe quoi pour
amuser les amis qui viennent nous voir à Kerfleury; d'ailleurs, Hélène tient énormément à cette
partie, et je ne veux pas la contrarier, toi non plus,
je présume...

— Sans doute; mais enfin, si ta femme com
prend qu'il y a un danger réel, elle renoncera à...

— Jamais de la vie, tu ne la connais pas comme
moi, toi, vois-tu; si tu la connaissais mieux, tu
saurais qu'elle ne cède jamais, malgré son air

doux. Tiens, regarde-la! est-elle assez belle, hein?
dans ce petit costume tout simple? du reste, elle
embellit chaque jour; elle a trente-cinq ans, et elle
est aussi fraîche que quand nous nous sommes
mariés...

— Il est certain que...

— Ah! tu ne peux pas savoir ça, toi! Je suis plus
amoureux que le premier jour et elle aussi. Ce n'est
pas une femme, c'est la plus adorable des maî-
tresses!

— Mais, murmura M. de Beylair très ennuyé,
tu as tort de... On ne raconte pas ces choses-
là...

— A toi? Allons donc! Est-ce que je ne te raconte
pas tout, à toi? Est-ce que tu comptes, toi?... Tu es
tout pâle... est-ce que tu as déjà mal au cœur, mon
pauvre ami?... Aussi quelle singulière idée d'a-
voir à toute force voulu venir! je suis sûr que c'est
pour nous aider, mais Hélène et moi nous aurions
très bien pu faire les honneurs de...

— En effet, il me semble que ta femme fait les
honneurs à merveille, dit rageusement M. de Beylair
en montrant madame d'Esprycour qui bavardait
gaiement sur le pont, sans perdre pourtant l'air sévère qui lui est habituel.

— Comme tu dis cela!... On croirait que tu es
mécontent...

— Moi, du tout; de quoi serais-je mécontent, grand Dieu ?

— Mais je ne sais pas trop... tu as l'air de trouver qu'Hélène fait trop de frais... et c'est possible... Mais dans ce cas, mon ami, dis-le-lui, toi, veux-tu ?... Oui, j'ai cru m'apercevoir que tu as une certaine influence sur elle, et vraiment tu es le seul !...

— C'est bien heureux !

— Tu dis ?...

— Rien. Partons, puisque l'on doit partir.

Et l'on se mit en route. Tout le monde était de joyeuse humeur; il fut décidé qu'on irait à Belle-Isle d'abord, et qu'ensuite on prendrait la grande mer. Madame d'Esprycour et les petites de Rirfray désiraient rester trois jours sans rentrer à Kerfleury; elles voulaient savoir si elles supporteraient une traversée sérieuse; elles souhaitaient du gros temps, pour que l'épreuve fût complète. M. de Beylair les eût étranglées volontiers. L'espace était fort restreint à bord de l'*Anacréon :* on avait accroché tant bien que mal des hamacs dans les deux niches que le capitaine appelait pompeusement « le carré ». Dans l'une des niches, il y avait six hamacs pour ces dames, dans l'autre dix pour ces messieurs : et c'était toute l'installation possible. Cette organisation simple et primitive désespérait le superbe

M. de Beylair, qui se voyait absolument privé des
soins de son valet de chambre. Ces soins intelligents et inavoués lui étaient pourtant bien nécessaires, mais il préférait y renoncer, plutôt qu'en
convenir, dût sa beauté en souffrir quelque peu.

Le déjeuner se passa à merveille; le chef, com-
plimenté, déclara qu'il avait des vivres pour une
semaine, et qu'on n'avait à s'inquiéter de rien à ce
point de vue-là. Puis chacun se mit à jouer au
bilboquet; Jacques en avait fait emporter une douzaine affirmant que c'était un jeu tout à fait marin.

— Ces dames voulaient du gros temps, dit tout
à coup le capitaine à madame d'Esprycour; eh bien,
d'ici à une heure, nous allons avoir un joli grain;
elles vont pouvoir s'amuser.

— Ah! quel bonheur! s'écria la petite de Rirfray, croyez-vous que ça sera un *vrai* grain au
moins?

— Oh! quant à ce qui est de ça, vous pouvez y
compter; si nous n'étions pas si loin de l'embou-
chure de la rivière, j'aurais même essayé de rap-
procher, mais il n'y a plus mèche, et à présent
faut filer vite et tâcher d'attraper le large, si nous
ne voulons pas nous ouvrir sur les rochers du Morbihan...

— Comment, nous ouvrir? dit M. d'Esprycour,
qui s'était rapproché.

— Comme une simple huître, oui, monsieur le
vicomte; ça arrive souvent sur ce coin-ci, et à des
bateaux en meilleur état que celui-là, ce qui n'est
pas difficile! car c'est pas pour dire, mais faut pas
tenir cher à sa peau, pour se charger sur un outil
pareil, sans y être obligé...

— Mais sapristi! marmotta d'Esprycour, vous
auriez bien dû me dire ça plus tôt!

— Vous ne savez pas, cria Jacques, il va y avoir
un grain!

— Je le pressentais, répondit douloureusement
M. de Beylair qui se cramponnait à une corde.

— Ton rhumatisme te fait souffrir? interrogea
affectueusement le vicomte, je sais que c'est pour
toi un baromètre infaillible.

— Il s'agit bien de ça! Il commence à y avoir
du roulis, et je suis horriblement mal à l'aise, voilà tout. Sacristi, je n'ai pas de chance! moi qui
mourais de faim et qui n'ai pas déjeuné, précisément pour éviter ce qui m'arrive.

— Vous avez eu tort, monsieur, dit le capitaine,
faut toujours manger au contraire, quand on est
malade, vaut mieux qu'il y ait de quoi, on souffre
bien moins; mais je vais m'occuper de la manœuvre, parce que, vous savez, il n'y a pas à bargui
gner, c'est pas pour rire.

Le ciel était, en moins de dix minutes, devenu

uniformément d'un noir d'encre; sur ce fond noir roulaient rapidement de grosses nuées blanches et lourdes qui semblaient toucher la cheminée de la machine, tant elles étaient basses et enveloppantes. Malgré la saison, l'air était étouffant, et un vent dur et chaud commençait à souffler fortement. Les vagues s'élevaient peu à peu, et le mouvement du bateau s'accentuait. Jacques devenait sérieux; lui aussi était un Breton des côtes, et il comprenait l'inquiétude du capitaine. Il ne fallait pas se dissimuler que le bateau était incapable de tenir contre une mer forte et l'ouragan s'annonçait terrible. Il s'approcha de M. d'Esprycour.

— Emmenez ces dames dans le salon et baissez les rideaux, afin qu'elles ne voient pas les vagues frapper les ouvertures, dit-il brusquement.

— Sérieusement, vous croyez au danger? demanda le vicomte.

— Très sérieusement; ce bateau est pourri, au moindre choc et même au premier coup de vent qui le prendra mal, il va s'écrabouiller.

— Mon Dieu! et ma femme! et les petites de Rirfray qui nous sont confiées! et ce pauvre Édouard! Mais c'est affreux cela! Où est-il donc?

— Qui ça?

— Beylair.

— Il est là couché sur le pont, dit Jacques en
indiquant une masse informe qui obéissait à tous
les mouvements du roulis ; du reste, il est le moins
à plaindre ; il est tellement malade que le danger le
laissera froid ; quand on a le mal de mer à ce point-
là, on devient inconscient. Tâchez seulement de le
faire descendre aussi ; dans peu d'instants les vagues
vont sauter sur le pont, et il serait trompé s'il restait là.

— Venez, dit M. d'Esprycour en s'adressant aux
femmes qui causaient, nous pouvons tous descendre, ces messieurs aussi, nous n'y connaissons rien ;
Jacques, qui est à moitié marin, reste parce qu'il
est bon à quelque chose ; il nous rejoindra tout à
l'heure.

M. de Beylair se souleva en chancelant.

— Alors, dit-il, c'est fini, le bateau va sombrer?

— Mais non, mon ami, répondit d'Esprycour
qui lui donna le bras pour l'aider à descendre et
chercha à l'installer sur un des divans du salon.

— J'ai fort bien entendu ce qu'a dit Jacques,
continua à haute voix M. de Beylair, il a dit que
nous allions probablement périr; il a ajouté que
j'étais le moins à plaindre parce que je souffrais au
point d'être inconscient; eh bien, il s'est trompé;
je suis plus à plaindre que vous, parce que je suis
plus croyant que la plupart d'entre vous et que

cette horrible mort, sans consolation, sans secours, cette mort qui vient surprendre au milieu d'une partie de plaisir m'affole et m'épouvante.

Et se jetant au cou de d'Esprycour :

— Pardon, murmura-t-il sourdement, pardon!

— Comment, pardon? pardon de quoi, mon ami? demanda d'Esprycour étonné, je n'ai rien à te pardonner que je sache.

— Mais si... si tu savais!... Ah! j'ai été plus étourdi que mauvais, va!... je me suis lancé tête perdue... sans regarder où j'allais...

— Mais au contraire, interrompit le vicomte, croyant enfin comprendre, tu ne te souviens plus que tu as esssayé d'empêcher cette fatale promenade... Loin de t'y être lancé à tête perdue, comme tu le dis, tu m'as fait remarquer que le bateau était en mauvais état... Ah! mon pauvre ami! si je t'avais cru cette fois comme toujours, nous ne serions pas dans une situation pareille... mais cela me désole de te voir te tourmenter ainsi... Hélène, vous étiez là, ce matin, rappelez-lui ce qui s'est passé... dites-lui quelque chose... il est affolé.

Madame d'Esprycour était très pâle, mais pas un muscle de son beau visage calme et doux ne bougeait. Rien dans sa physionomie austère et tranquille ne trahissait ce qui se passait en elle.

— Sans doute, dit-elle, M. de Beylair a essayé
d'entraver cette promenade, et plût à Dieu que nous
l'eussions écouté !

— Dieu ! s'écria M. de Beylair qui se redressa
comme galvanisé... Dieu? dans quel état allons-
nous paraître devant lui? Certes, je ne suis pas ce
qu'on appelle pratiquant, mais j'ai toujours été
bien décidé à me mettre en règle avant de mourir...
C'est affreux d'être ainsi en pleine mer... sans un
prêtre...

Et se retournant furieux vers d'Esprycour ahuri :

— Il est inouï que tu n'aies pas même pensé à
emmener un prêtre...

— Mais, balbutia le pauvre homme, désespéré
de voir à ce moment, qu'il croyait vaguement suprême, son meilleur ami en colère contre lui, mais
si j'avais su... si j'avais soupçonné que l'intervention d'un prêtre pût être nécessaire à un moment donné... j'aurais renoncé de préférence à monter sur l'*Anacréon*, tu comprends...

Tout le monde se regardait angoissé ; les petites
de Rirfray ne riaient plus ; le bateau recevait d'ef-
froyables secousses ; tous s'accrochaient aux divans
pour ne pas être lancés en avant ; M. de Beylair, la
tête plongée dans ses mains, ne faisait plus un
mouvement. Un choc plus terrible que les autres
se produisit...

— Savez-vous, dit-il lentement, ce dont je viens
de me souvenir? Lorsque, pour un motif ou pour
un autre, on est privé des secours d'un prêtre, une
confession publique remplace l'autre, je vais me
confesser publiquement ici...

— Ah! ne faites pas ça, s'écria une des petites de
Rirfray, c'est inutile!...

— Le mal de mer l'a rendu fou, dit M. d'Esprycour, en prenant la main de son ami; voyons,
reviens à toi, Édouard je t'en prie...

— Toi, d'abord, laisse-moi tranquille; j'ai des
torts envers toi, c'est vrai, mais je vais les expier,
ainsi...

— Mais, mon pauvre ami, tu rêves... tu n'as pas
le moindre tort envers moi... envers nous... c'est
cet affreux mal de mer qui te monte au cerveau...
momentanément... Cristi! quelle fichue promenade!... (Malgré les efforts du vicomte, M. de Beylair s'était jeté à genoux...)

— Je suis coupable, disait-il d'une voix rauque,
entrecoupée par des hoquets convulsifs, j'ai trahi
la confiance d'un honnête homme... je lui ai pris
son honneur... son repos... sa...

Une espèce de syncope l'interrompit...

— Il faut appeler Jacques, dit M. d'Esprycour
qui grimpa l'escalier du pont à quatre pattes, suivi
de sa femme.

— Que venez-vous faire ici ? dit Jacques avec humeur. Il y a du danger, ce n'est pas la place de Mme d'Esprycour.

— Imaginez-vous que Beylair est devenu fou, il est à genoux dans le salon, et se confesse tout haut !...

— Bigre !!!

— C'est d'un triste, vous n'avez pas idée de ça...

— Mais il faut l'en empêcher, saperlotte !

— Impossible ! nous avons essayé...

— Restez ici avec madame d'Esprycour, je m'en charge ; surtout ne redescendez pas.

Jacques dégringola l'escalier et resta stupéfait de l'étrange aspect du salon.

Pâles, tremblants, cramponnés aux meubles et aux tentures, tous les invités regardaient anxieusement M. de Beylair qui, agenouillé, roulait d'un bout à l'autre de la pièce, à chaque mouvement un peu violent du bateau. Il était rudement changé le beau M. de Beylair !

Ses moustaches et ses favoris défrisés traînaient dans sa bouche et sur ses épaules ; livide, les yeux fous, il cherchait vainement à garder un aplomb quelconque, cette scène était moitié tragique, moitié grotesque, se passant dans ce cadre bizarre, dans ce salon de restaurant aux tentures criardes, aux glaces couvertes d'inscriptions plus ou moins grivoises. Cependant M. de Beylair recommençait à parler.

— J'irai jusqu'au bout, disait-il, je m'accuserai comme je le dois ; oui, j'ai trompé mon meilleur ami, un ami qui avait en moi une foi aveugle, je lui ai pris ce qu'il avait de plus cher, de plus beau, de plus précieux, sa femme! et ce qui est horrible à dire, c'est qu'à cet instant décisif, où l'on ne devrait songer qu'aux jouissances idéales, inconnues, approximatives, que Dieu réserve à ses élus, moi je ne désire qu'une chose, cette même femme !!! Et je souffre le martyre en songeant que n'importe où je serai, elle ne m'appartiendra plus !... Cet ami trompé, c'est...

— Ne nommez pas! sacrebleu! cria Jacques, ça ne se fait jamais !!!

Ah bien oui! M. de Beylair compléta sa confession au milieu de l'ahurissement général, et malgré le péril, les visages étaient presque devenus souriants, lorsque la bonne tête du capitaine parut dans l'entre-bâillement de la porte et dit :

— Monsieur et madame vous font dire de monter, y a comme qui dirait une « embellie »!

C'est égal, ce bon d'Esprycour, qui voulait à toute force amuser ses invités, a réussi, grâce à M. de Beylair.

L'IDÉAL

A LA SCULPTURE

UNE DAME se promène, examinant attentivement les bustes.
— Trente ans, cheveux noirs, yeux verts, teint rose, bouche rieuse.
Elle tourne autour du buste de Croizette.

— C'est joli... très joli, ce buste !... de face, il a une étonnante expression ; de profil, il est moins bien... J'aime extrêmement le physique de Croizette... On a beau dire qu'elle est commune... tous ceux, ou plutôt toutes celles qui le disent — car *ceux* ne le disent jamais — s'arrangeraient bien d'être comme ça...

UNE AUTRE DAME arrive très vite ; elle semble agitée et fouille tout le jardin du regard. — Vingt-huit ans. Grande, admirablement jolie ; cheveux blond cendré, grands yeux noirs, profil régulier, bouche sévère. Elle frôle légèrement la dame brune qui se retourne et la regarde attentivement.

13.

LA DAME BRUNE. — Hélène?...

LA DAME BLONDE, *s'arrêtant étonnée.* — Madame... Comment! toi, Pierrette?...

LA DAME BRUNE. — Je suis donc bien changée, que tu as tant hésité à me reconnaître!... Moi je t'ai reconnue tout de suite... tu es toujours la même...

LA DAME BLONDE. — Toi aussi, mais je m'attendais si peu à te voir...

LA DAME BRUNE. — C'est qu'il y a longtemps que nous nous sommes quittées? depuis 1870?... Quand je me suis mariée, tu étais encore aux Oiseaux... Comme c'est loin tout cela!... J'ai su depuis que tu avais fait un mariage splendide, ça m'a fait plaisir de voir que ma rêveuse était devenue un peu plus pratique... Te souviens-tu de nos querelles?...

LA DAME BLONDE. — Je crois bien que je m'en souviens... tu m'appelais *songe creux*, tu te moquais de mes longues rêveries... J'ai eu bien du chagrin, va, à ton départ; Je n'ai plus rien su de toi... pas même ton mariage... ou, du moins, qui tu épousais... Un beau jour, on m'a sortie tout ahurie du couvent, on m'a fait faire des toilettes délicieuses, puis on m'a conduit dans le monde tous les soirs. Au bout de deux mois, on m'a mise en demeure de choisir un mari parmi de nombreuses demandes... presque tous mes danseurs...

LA DAME BRUNE. — Ça ne m'étonne pas...

LA DAME BLONDE. — J'ai choisi à l'aveuglette...

LA DAME BRUNE. — Et tu as eu la main heureuse, car ton mari est charmant, m'a-t-on dit, et colossalement riche, ce qui ne gâte rien...

LA DAME BLONDE. — C'est vrai, mais il est banquier...

LA DAME BRUNE. — Eh bien, est-ce que c'est mal d'être banquier?... Ah!... c'est vrai! j'oubliais tes aspirations poétiques!... Tu voulais un marquis... ruiné, autant que possible ; ça pouvait se trouver, du reste; tu rêvais d'offrir ta beauté radieuse et ton million de dot à un être malheureux, incompris... qui n'aurait rien su apprécier de tout cela probablement, les gens incompris étant ainsi nommés parce qu'ils ne comprennent pas les autres...

LA DAME BLONDE. — Tu es toujours aussi moqueuse, autrefois tu riais déjà de tout...

LA DAME BRUNE. — Les occasions de rire sont trop rares pour n'en pas profiter quand on les tient; vois-tu, on ne retrouve jamais celles que l'on perd.

LA DAME BLONDE. — Est-ce que tu n'es plus aussi gaie?... Je trouve que ta physionomie est restée la même à peu près, mais tu avais l'air sérieux à l'instant, presque triste? Est-ce que tu n'es pas heureuse

La dame brune. — Très heureuse.

La dame blonde. — Ton mari?...

La dame brune. — Charmant! et il n'a pas de mère !!!

La dame blonde. — Et tu l'aimes?

La dame brune. — Qui ça?...

La dame blonde. — Mais, ton mari?

La dame brune. — Ah! bon! Comment donc! je l'aime beaucoup...

La dame blonde. — Et lui?...

La dame brune. — Je suis tellement discrète que je ne le lui demande jamais.

La dame blonde. — Ah! je comprends ce que cela veut dire, il ne t'aime pas...

La dame brune. — « Plus » serait plus exact. Du reste, il m'aime comme tous les maris aimen leurs femmes...

La dame blonde. — Le mien m'adore...

La dame brune. — Alors c'est toi qui ne l'aimes pas...

La dame blonde, *très rouge*. — Pourquoi dis-tu cela ?

La dame brune. — Parce que c'est toujours ainsi... Et puis, tu m'as dit tout à l'heure: *il est banquier*, sur un ton qui ne laissait aucun doute à cet égard pour quelqu'un qui, comme moi, sait son Hélène par cœur...

LA DAME BLONDE. — Eh bien, c'est vrai. A présent, parlons de toi : qu'es-tu devenue pendant ces dix années?

LA DAME BRUNE. — Ayant épousé un diplomate, j'ai voyagé toujours; je ne suis revenue définitivement à Paris que depuis trois mois.

LA DAME BLONDE. — C'est ce qui fait que nous ne nous étions jamais revues... Tu as des enfants?

LA DAME BRUNE. — Trois fils; et toi?

LA DAME BLONDE. — Un.

LA DAME BRUNE. — C'est très correct. Et, dis-moi, es-tu toujours à la recherche de ton idéal?... Tu n'as pas besoin de rougir pour cela... Je n'étais pas austère, tu sais, et cette qualité n'a pas poussé avec mes dents de sagesse... Tu étais trop sentimentale pour te contenter de la réalité... Donc, pour le moment tu joues les Diogène...

LA DAME BLONDE. — Oh!

LA DAME BRUNE. — Il n'y a pas de « oh!» Eh bien, quand on cherche un... idéal — tu vois que je gaze — et qu'on a ton physique, on trouve toujours... Tu rougis... je suis fixée... tu ne cherches plus, tu as trouvé?...

LA DAME BLONDE. — Tu as une manière de parler des choses sérieuses...

LA DAME BRUNE. — « Sérieuses », à ton point

de vue, mais pas au mien... je n'admets pas le sérieux dans ces choses-là... Alors, tu as une « grande
passion »?

LA DAME BLONDE. — Oui.

LA DAME BRUNE. — Depuis combien de temps?...

LA DAME BLONDE. — Un mois.

LA DAME BRUNE. — Et c'est la première fois que
cela t'arrive?...

LA DAME BLONDE. — Oui.

LA DAME BRUNE. — Un mois, et pour la première fois! tout ce que je te dirais ne servirait à
rien.

LA DAME BLONDE. — Est-ce que tu as aimé quelqu'un, toi, Pierrette?

LA DAME BRUNE. — J'ai... commencé plusieurs
fois... mais je n'ai jamais fini... heureusement...

LA DAME BLONDE. — Par principes?

LA DAME BRUNE. — Du tout. L'amour n'est
qu'une illusion n'est-ce pas? eh bien chez moi les
illusions durent si peu, qu'elles cessent toujours...
à temps...

LA DAME BLONDE. — Je te jure bien que quand
on aime sérieusement...

LA DAME BRUNE. — Encore!... mais puisqu'on
n'aime pas sérieusement. J'ai cru ça, moi aussi,
à Rome... c'était le soleil qui me faisait voir un
monsieur tout autre qu'il n'était... Je partais pour

Paris... nous avions un congé. Il a eu la bonne
pensée de me suivre... ah! ma pauvre Hélène! il
était impossible à Paris; il bombait sa poitrine,
cambrait ses reins ; habillé de couleurs criardes,
avec cela ; il avait l'air d'un modèle... A Londres,
c'était un grand Anglais roux, très beau garçon
très distingué, fin et doux, et qui montait à cheval!... c'était ravissant! Ce qui m'avait séduite
surtout, c'est qu'il avait des pieds microscopiques,
chose rare dans un pays où on ne voit de vrais
pieds, que ceux que les étrangers apportent; bref,
pour des pieds anglais, c'étaient des merveilles.
Nous allons à Brighton, je me baigne, lui aussi,
et je vois ses pieds déchaussés... rouges, luisants,
déformés, noueux, des horreurs! et en nageant, ces
deux monstres apparaissaient de temps à autre
à la surface... A partir de ce jour je n'ai pensé qu'à
ses pieds et j'ai oublié tout le reste...

LA DAME BLONDE. — Tu attaches une importance à de petites choses...

LA DAME BRUNE. — Tu appelles ça des petites
choses, toi? des pieds pareils!! Ah bien! moi je suis
reconnaissante à la Providence de me montrer ces
« petites choses », comme tu dis ; ce sont les méca-
niques à l'aide desquelles elle enraye les imagi-
nations disposées à s'emballer, et la mienne a été
de ce nombre, mais c'est bien fini, je crois; ce qui

ne m'empêche pas, ma chère Hélène, de m'intéresser vivement aux emballages des autres. Ainsi, il est jeune, beau, *chic*, cela va sans dire ; est-il brun ou blond, grand ou petit?

LA DAME BLONDE. — Il est très grand, très brun, très beau. Il a de grands yeux noirs troublants; une bouche épaisse, moite, caressante; une barbe soyeuse.....

LA DAME BRUNE. — Assez, assez! je la connais à présent comme si j'avais fait son portrait; c'est *un bel homme*. Or, j'éprouve pour les beaux hommes une antipathie qui n'est comparable qu'à celle que les *jolis hommes* m'inspirent.

LA DAME BLONDE. — Si tu le voyais?...

LA DAME BRUNE. — Je le trouverais affreux, probablement ; mais il n'est pas absolument nécessaire que ton... idéal me plaise, n'est-il pas vrai? A mon sens, un homme doit être laid, bien tourné et surtout intelligent...

LA DAME BLONDE. — Il est vicomte...

LA DAME BRUNE. — Ça, ça m'est égal! autrefois c'était un marquis que tu rêvais, je sais bien que c'était pour l'épouser...

LA DAME BLONDE. — Ah! si je l'avais connu plus tôt!!!

LA DAME BRUNE. — Tu en aimerais un autre aujourd'hui. Voyons, t'aime-t-il bien, au moins?

Tu mérites d'être adorée à genoux, toi ; car, positivement, tu es plus belle encore qu'il y a dix ans, et tu étais si bonne, si tendre, si facile à faire sourire, mais surtout à faire pleurer.

LA DAME BLONDE. — Je crois qu'il m'adore. Si tu voyais comme il me regarde, comme il me suit, comme il m'enveloppe de soins ; il va venir tout à l'heure...

LA DAME BRUNE. — Ici ?

LA DAME BLONDE. — Oui, je suis arrivé avant l'heure, j'arrive toujours trop tôt.

LA DAME BRUNE. — Ça devrait être le contraire... Dis-moi, me permettras-tu de le regarder... de loin ?...

LA DAME BLONDE. — N'étais-tu pas ma meilleure amie, la seule même ? je n'en ai jamais eu de vraies depuis toi ; j'espère bien que cela va recommencer comme autrefois ; tu me montreras ton mari, tes enfants ; tu me donneras des conseils ; malgré ton air évaporé, tu m'en donnais de bons quelquefois...

LA DAME BRUNE. — Je t'ai toujours dit que j'étais un trompe-l'œil ; je suis sérieuse, très sérieuse même, c'est ma manière de parler qui ne l'est pas. Dis-moi, Hélène, ton mari se doute-t-il que tu... cherches ?...

LA DAME BLONDE. — Ah ! grand Dieu ! non ! Pourquoi me demandes-tu cela ?

La dame brune. — Mais pour m'orienter... et parce que cela me fait toujours de la peine de voir tromper un mari qui aime sa femme! ils sont si rares!

La dame blonde. — Le tien te trompe, et tu en souffres, n'est-ce pas ?

La dame brune. — Il ne fait que ça; mais je n'en souffre pas du tout, je n'en ai même jamais souffert...

La dame blonde. — Que tu es bizarre! Pour garder l'amour de quelqu'un, que crois-tu qu'il faut faire?

La dame brune. — Ne pas lui montrer trop qu'on l'aime d'abord; ensuite, traîner beaucoup les... préliminaires en longueur, c'est toujours ça de pris...

La dame blonde. — Mais s'il se décourage?

La dame brune. — Avant... la fin?... il n'y a pas de danger! du moins, je le crois. J'ai fait là-dessus des études nombreuses et approfondies; je suis loin d'être aussi jolie, aussi séduisante que toi; eh bien, malgré ça, c'est toujours moi qui me suis découragée la première. Quel âge a-t-il?

La dame blonde. — Trente-cinq ans. Ce qui m'inquiète, c'est qu'il paraît que sa femme est ravissante...

La dame brune. — Comment! il est marié?

Ah! tant pis! C'est singulier, il me paraît impossible d'aimer tranquillement un homme marié... ça peut causer tant de chagrin à une femme inoffensive et bonne; sans compter les nombreux désagréments que ça peut attirer, si ladite femme n'est ni bonne ni inoffensive. Je ne comprends pas qu'on flirte même cinq minutes avec un homme marié, tandis qu'avec les autres...

La dame blonde. — Mais on n'est pas maîtresse de son cœur.

La dame brune. — C'est vrai, ça.

La dame blonde. — Je ne suis pas coquette, moi, je n'ai jamais flirté de ma vie...

La dame brune. — C'est un tort. C'est amusant, et puis ça occupe sans grand danger, ça aguerrit. C'est certainement au flirtage que je dois d'être « restée pure », comme on dit dans les livres.

La dame blonde, *qui examine attentivement le côté de l'entrée.* — Le voilà! je le vois, seulement il n'est pas seul, il est tombé sur du monde! c'est toujours comme ça. Tiens! comment le trouves-tu?

La dame brune. — Où ça?

La dame blonde. — Là, en pardessus bleu, il cause avec ces deux dames, il y en a une qui a un chapeau rose crevette.

La dame brune. — Là?

La dame blonde. — Oui. Eh bien?

LA DAME BRUNE. — Eh bien, tu m'as demandé un conseil tout à l'heure, je vais te le donner. Garde-toi de ce monsieur, je t'en prie, Hélène, il ne t'aime pas et ne t'aimera jamais, il n'aime que lui ; mais il te veut, pour te laisser dans huit jours, en ajoutant simplement un nom à sa liste, en même temps qu'un succès et un plaisir à tous les autres. Il est de ces gens qui supportent les injures d'une fille qui les méprise et font pleurer la femme qui les aime. Crois-moi, va, ce n'est pas pour te faire de la morale, tu me connais ; conduis-toi comme tu l'entendras, ça ne me regarde pas, mais choisis un homme moins indigne de toi, puisque heureusement tu es prévenue à temps, par quelqu'un qui est à même de te renseigner...

LA DAME BLONDE, *sèchement*. — En effet, tu me parais mettre une singulière insistance à me détourner d'aimer M. de Z (*Soupçonneuse*.) Tu le connais donc bien intimement ?

LA DAME BRUNE. — Parbleu ! c'est mon mari !

LE BUSTE!

I

Il était deux heures et demie du matin ! Depuis une heure, tout reposait au Valfleury, ou du moins tout devait reposer, lorsque Jacques fut éveillé en sursaut par un vacarme énorme. On remuait des meubles, on ouvrait des armoires, on marchait fort, et tout cela bruyamment, avec une désinvolture qui indiquait un absolu mépris du sommeil des autres. Jacques fut stupéfait, car ce tapage venait, à n'en pas douter, de la chambre voisine, et cette chambre était occupée par le beau Fryleuse, arrivé dans la journée. Or, le beau Fryleuse est l'homme le plus correct, le plus calme, le mieux élevé qui existe, et ce tapage nocturne était tellement contraire à ses habitudes, que Jacques, craignant sérieusement qu'il lui fût arrivé quelque chose, cria :

— Fryleuse, c'est vous qui faites ce bruit-là ?

— Naturellement, grogna une voix furibonde.

— Est que vous êtes malade?

— Pas encore, mais je le serai demain... c'est aussi sûr, ça... ça ne rate jamais....

— Mais que vous arrive-t-il donc?

— Il m'arrive que je grelotte, sacrebleu!

— Faites du feu, la cheminée est excellente; j'avais cette chambre l'an dernier... elle tire, elle tire que c'est un plaisir...

— Il s'agit bien de ça!... Au lieu de me raconter que la cheminée tire, vous feriez mieux de vous lever et de m'aider...,

— Je le veux bien, mais vous aider à quoi?

— A chercher quelque chose que je puisse chauffer, parbleu!

Renonçant à comprendre, Jacques se décida à se lever et arriva chez son voisin.

— Voici la chose, dit Fryleuse, il m'est impossible de dormir quand je n'ai pas les pieds brûlants ; j'ai une petite boule d'eau chaude qui ne me quitte jamais, et ma brute de valet de chambre l'a oubliée à Paris!

— Il fallait en demander une ici...

— Y pensez-vous?

— Dame, il y a bien un cruchon de bière dans la maison, je présume?...

— Avouer une manie, une infirmité pareille, jamais de la vie !

— Mais, je ne vois pas qu'il soit honteux d'avoir besoin d'une boule pour dormir... vous êtes trop bien élevé...

— Qu'est-ce qu'on pourrait bien chauffer ?

— Voyons... si on mettait de l'eau chaude dans la carafe ?...

— J'y ai pensé, dit Fryleuse en montrant piteusement à Jacques un petit tas de verre cassé qui gisait au milieu de l'âtre.

— Ah !!! fichtre !!! Elle a éclaté ?...

— Tout de suite... J'ai essayé de chauffer une bûche !... Ah bien, ouiche ! Un rondin... un gros rondin... vous savez combien ça prend feu difficilement quand on veut l'allumer... Eh bien, dès que je le présente au feu... il flambe...

Jacques avait de la peine à garder son sérieux.

— C'est une nuit blanche, continuait douloureusement Fryleuse, et moi qui suis déjà éreinté ; j'ai passé la nuit dernière au jeu, et la moitié de la journée en chemin de fer... je serai malade demain... C'est amusant !...

— Et si vous êtes malade, notre hôtesse sera d'une humeur de chien...

— Qu'est-ce que cela veut dire ?...

— Ça veut dire qu'on vous attendait avec une

impatience!... Ah! ça n'était pas drôle, allez, avant
votre arrivée!... Le dîner de ce soir ne ressemblait
pas aux précédents, je vous en réponds...

— C'est une plaisanterie, n'est-ce pas?

— Pas le moins du monde ; faites donc l'innocent...

— Je vous jure que...

— Eh bien mon cher, si vous ne vous doutez
vraiment de rien, vous êtes le seul, car madame de
Belprestans est folle de vous, et ce n'est un secret
pour personne...

— Voilà une bête de farce, par exemple!

— Ça vous vexe?

— Dame! je n'ai pas envie d'être grotesque!

— Ah bien, si elle avait rendu grotesques tous
ceux que... il n'y aurait personne qui... Ah! non!
vrai, je vous trouve dur...

— Mais elle a quarante-cinq ans...

— Possible, mais elle les porte... gaillardement...

— Elle est affreuse!...

— Du tout! et puis elle est si bien habillée !!

— Ah! laissez-moi tranquille...

— Vous avez raison, cherchons quelque chose
qui se chauffe... je n'ai pas envie que vous soyez
souffrant, et que Valfleury reprenne les allures
d'enterrement que votre venue a fait disparaître...
Voyons... la pendule, elle est en bronze!...

— On ne peut pas enlever le mouvement...

— Ah! c'est fâcheux! Ça aurait bien bien fait l'affaire...

— J'ai regardé aussi la cheminée, tout l'intérieur est en marbre: si c'étaient des briques, on aurait pu en enlever une... Ça se chauffe très bien, les briques... je me souviens que souvent à la chasse...

— Je sais, s'écria tout à coup Jacques illuminé, je sais quelque chose que nous allons pouvoir chauffer... c'est la brique qui m'y fait penser...

— Quoi donc?

— Le buste.

— Quel buste?

— Le gros buste qui est dans la niche au pied de l'escalier, celui de madame de Belprestans... en terre rouge!... Vous savez bien?...

— Oh!!

— Pourquoi « oh! »? Votre valet de chambre le replacera demain matin, personne ne s'en doutera...

— Mais, pour le prendre?...

— Je vais y aller, seulement éclairez-moi...

— Mais c'est impossible...

— Ah! si vous êtes embarrassé pour si peu...?

— Allons!

Et, résigné, Fryleuse prit un flambeau et suivit Jacques.

— Pourvu, mon Dieu! qu'on ne nous entende pas! disait-il, en marchant à pas de loup sur le tapis du corridor.

Il descendirent au vestibule; là, dans un petit enfoncement, formé sous la cage de l'escalier, était placé un énorme buste en terre cuite, représentant une femme très décolletée, avec une fourrure à demi tombée des épaules; enfin le buste « classique » pourvu de l'ornementation et des draperies de rigueur.

Jacques entoura de son bras la taille opulente de la dame et fit un mouvement, rien ne bougea...

— Cristi!!! fit-il sourdement, elle pèse trois cents...

Enfin, après de laborieux efforts, tremblants d'être surpris, ils parvinrent à monter le buste chez Fryleuse; Jacques n'en pouvant plus, le déposa sain et sauf devant la haute cheminée dans laquelle ils s'empressèrent tous deux de jeter des monceaux de bûches.

— Pourvu que ça ne fasse pas comme la carafe! murmura mélancoliquement Fryleuse; croyez-vous qu'elle aille au feu?

— Les marmites y vont bien... c'est la même terre que ça. C'est qu'elle est vraiment pas mal du tout, cette excellente baronne?.... Non, mais là, regardez moi ces lignes!!...

Jacques avait raison ; le buste représentait une
femme au visage régulier, coiffée comme mademoiselle Agar, et... offrant à l'admiration des regar-
deurs, une poitrine rebondie et des bras superbes, le
tout à peine dissimulé par des draperies répandues
à profusion, mais sur le socle seulement.

Le résultat obtenu fut merveilleux! En vingt
minutes madame de Belprestans fut à point. Jacques, qui se tordait de rire, aida Fryleuse à la glisser dans son lit, où elle faisait une bosse effrayante,
lui recommanda une dernière fois de la renvoyer
à sa place dès l'aube, et alla se recoucher.

Fryleuse dormit mal ; son sommeil lourd et fati-
gant fut interrompu par d'horribles cauchemars,
dont madame de Belprestans était l'héroïne.

Il fut tout coup réveillé par des coups de poing
répétés, frappés à sa cloison.

— Fryleuse, criait Jacques en assourdissant sa
voix, avez-vous pensé à... à la boule?

— A la boule? Quelle boule? Ah! oui... Eh
bien... mais pas encore... Quelle heure est-il donc ?

— Dix heures et demie.

— Grand Dieu! Je vais vite le... la faire descendre.

— Pas possible, la maison est pleine de mouvement, tout le monde grouille dans l'escalier, il
faut à présent attendre qu'on soit à table.

— Mais si on s'aperçoit,..?

— Oh! pas de danger! c'est dans un coin où personne ne passe et à moins d'une déveine énorme...

— C'est que ça serait stupide...

— Il est de fait que de la part d'un homme si correct, ça pourrait surprendre...

II

Le déjeuner se passa à merveille. La maîtresse de la maison était d'une humeur charmante, et on fut très gai, à l'exception de Fryleuse, qui eut plusieurs fois l'occasion de constater la vérité de l'affirmation de Jacques.

La baronne le guignait, c'était évident; elle ne le quittait pas de l'œil, et cet œil un peu à fleur de tête, et largement ouvert, avait en se posant sur lui, une expression... indéfinissable, que malheureusement Fryleuse définissait très bien.

— Je vais prétexter une dépêche et filer ce soir, pensait-il en contemplant attentivement le fond de son assiette, afin de ne pas rencontrer le regard mouillé de la châtelaine.

Lorsqu'on servit le café dans la serre, chacun ouvrit les journaux et les revues que le facteur venait d'apporter...

— Tiens! dit un invité, voilà un vol étrange, par exemple!

Et il allait lire un fait divers quelconque, lorsque M. de Belprestans l'interrompit.

— A propos de vol, dit-il, il y en a eu un joliment extraordinaire ici aujourd'hui.

— Lequel?

Fryleuse se sentit pâlir, tandis qu'une horrible envie de rire serrait Jacques au gosier.

— Imaginez-vous, continua le baron, qu'on a volé un buste de ma femme qui était placé au pied de l'escalier, un gros buste en terre rouge... très lourd...

— Comment cela?

— Ah! comment? Je n'en sais rien! toujours est-il qu'il a disparu.

Le domestique qui servait le café prit la parole.

— Le buste est retrouvé, monsieur le baron, dit-il.

— Ah bah! où cela?

— Dans le... dans la chambre de M. le vicomte de Fryleuse.

— Comment, s'écria brusquement madame de Belprestans, ce buste était-il chez M. de Fryleuse?

Fryleuse, revenu de son premier saisissement, parvint à balbutier :

— En effet... comment ce buste... se trouvait-il...?

— A coup sûr ce n'est pas lui qui l'y a mis, appuya Jacques avec aplomb.

— C'est quelque fumisterie des enfants, dit M. de Belprestans en regardant sévèrement son fils et ses neveux qui s'empressèrent de protester de leur innocence. Enfin je suis aise que ce buste soit retrouvé ; il est toujours désagréable et inquiétan t d'être volé.

Et l'incident fut clos.

Dans la journée on organisa une promenade en voiture. Fryleuse prétexta de lettres à écrire pour rester à Valfleury. Il voulait éviter de se rappro-cher de la baronne, ruminer tranquillement son projet de départ et trouver un motif plausible pour filer ainsi le lendemain de son arrivée, alors qu'il s'était annoncé pour huit jours.

Il s'installa dans le meilleur fauteuil de la biblio-thèque, où il y en a beaucoup de bons, choisit un bouquin, et, les pieds sur les chenets, se trouva si bien, qu'il n'alla même pas assister au départ des voitures. Peu à peu, il se sentit envahi par une chaleur délicieuse ; une douce quiétude remplaça l'agitation dans laquelle il était depuis la veil-le; une sorte de demi-sommeil l'engourdit agréa-blement; tout prit autour de lui des teintes riantes et fraîches : les personnages des tapissseries lui sourirent d'un sourire rose éclairé par la lueur du foyer qui chantait gaiement; puis il vit défiler de jolis minois, il rêva qu'il abattait neuf tout le

temps, et qu'à la fin de la partie son notaire lui
annonçait gracieusement la mort de la tante de
Bretagne qui s'était cramponnée jusque-là...

Tout à coup, il éprouva une sensation étrange ; il
sentit sur ses yeux fermés une pression chaude et
intense ; cela dura deux ou trois secondes. Puis un
bruissement de soie lui fit tourner la tête : debout
derrière lui, madame de Belprestans le contemplait
en souriant.

— Vous dormiez ? dit-elle.

Et, lui tendant brusquement la main :

— Pourquoi ne m'avez vous pas dit la vérité?

— La vérité? répéta Fryleuse encore un peu
inconscient, quelle vérité?

— Oui ce matin... vous savez bien ?...

— Aïe, aïe, aïe! le buste! nous y voilà !!! pensa
le pauvre garçon très ennuyé. On lui a dit que
c'était moi...

— Si vous aviez parlé franchement, continua
doucement la baronne, cela eût beaucoup mieux
valu.

— Oh! madame, je... je n'aurais jamais osé.

— Et pourquoi donc, enfant que vous êtes?
demanda-t-elle en lui prenant encore la main.

— Décidément, c'est une brave femme, se disait
intérieurement Fryleuse, elle prend cela bien gentiment, une autre aurait pu se formaliser de ce

sans-gêne envers son... image... Au lieu de ça, elle me reproche de ne pas avoir dit que j'avais besoin d'une boule... le fait est que si j'avais su! Voilà bien la preuve que Jacques est fou! Et j'ai été assez bête pour écouter ses racontars!... et j'en étais arrivé à me persuader qu'il disait vrai...

— Voyons, reprit madame de Belprestans, pourquoi n'avez-vous pas parlé?

— Mais, madame, il est certaines petites... faiblesses... qu'un homme à peu près bien élevé ne doit pas avouer... qu'il cache soigneusement, au contraire...

— Eh! qu'a l'éducation à voir là dedans??... Il fallait venir à moi franchement et me dire...

— Oh! madame, ce n'est dans tous les cas pas à vous que je me serais permis de...

— Ah! vous êtes bien tous les mêmes! Vous ne comprenez pas qu'il est des manques de respect pour lesquels nous sommes remplie d'indulgence, de pitié, de bonté?... Vous ne comprenez pas cela, dites?

Madame de Belprestans s'était assise sur un petit siège contourné, placé presque aux pieds de Fryleuse, et tandis qu'elle parlait, il l'examinait avec étonnement.

La baronne avait quitté la robe de peluche vert-de-gris qui la comprimait au déjeuner, pour

revêtir un peignoir de gaze de soie, fait d'une de ces
étoffes d'Orient toutes lamées et brodées de soies
brillantes et d'or. Ce peignoir, absolument trans-
parent, recouvrait une sorte de fourreau de soie
couleur chair, sans manches et extrèmement décol-
leté. Ce déshabillé étrange, vu le froid surtout, atti-
rait les yeux de Fryleuse qui, après avoir détaillé
le costume, ne put s'empêcher de remarquer que la
femme était très bien conservée. Avec ses bras admirables, à peine alourdis du haut, son cou de
statue, son profil fin et sa profusion de cheveux
blonds, vrais ou faux, elle était encore fort belle;
mais quelle diable d'idée de se déguiser comme
ça par dix degrés de froid, à trois heures de l'après-
midi !

— Écoutez-moi, disait-elle en se rapprochant
encore du fauteuil sur lequel elle avait forcé Fryleuse à se rasseoir, écoutez-moi, je ne suis pas non
plus exempte de... de ces faiblesses desquelles vous
parliez tout à l'heure, il en est que je comprends...
que je partage même...

Et tandis que Fryleuse se répétait qu'elle était
vraiment une bonne femme et une maîtresse de
maison pleine de prévenance, la baronne continua
d'une voix de plus en plus assourdie :

— Si vous m'aviez dit tout de suite que vous
m'aimiez ainsi... au lieu de ce buste... eh bien!...

vous... je... nous... enfin... pourquoi pas l'origi-
nal?...

— Patatras!! je n'avais pas prévu cette inter-
prétation-là! pensa Fryleuse en l'écoutant la bouche entr'ouverte et l'air abruti; c'est atroce, cette
situation! d'autant plus atroce que jamais, jamais,
je n'oserai la détromper!...

Et voilà pourquoi, au profond ébahissement de
tous ceux qui ne savent pas comment la chose est
arrivée, le beau Fryleuse est en ce moment le... caprice de la baronne.

JOURS PAIRS ET JOURS IMPAIRS

— Tiens!... c'est vous, colonel !

— Oui, c'est moi. Je flâne... et vous?

— Moi aussi !

— Voulez-vous unir nos flâneries?

— Avec plaisir, colonel !

— C'est que l'on ne sait vraiment que faire le soir, dans vos diables de petites villes !

— A qui le dites-vous, grand Dieu !!

Le bon colonel de Beylchaus oubliait complètement qu'il avait passé son existence à aller de Maubeuge à Pontivy, et de Carcassonne à Pont-à-Mousson, tandis que Maurice de V..., qui venait d'être nommé sous-préfet à X..., quittait Paris pour la première fois.

— Enfin, il n'y a ici aucune ressource, on ne sait à quoi passer son temps, le soir surtout !

— Moi qui suis garçon, que je sois en peine de mes soirées, c'est tout simple, mais vous, colonel ?

— Oh! moi, c'est absolument la même chose!
Depuis que nous sommes à X..., ma femme monte
dans sa chambre en sortant de table ; et là, elle se
barricade et se couche.

— Ah bah!

— Et il n'y a rien à faire; au commencement, j'ai
crié, frappé... c'est une habitude prise, elle ne ré-
pond même pas!

— Comment?...

— Non. Souvent, après avoir été au café et
m'être ensuite promené une heure, je cherchais en
rentrant à me faire ouvrir; ah bien, oui! elle ne
donnait pas signe de vie; c'est au point qu'en
me voyant me démener à cette porte... mes domestiques riaient... alors, j'ai renoncé...

— Ainsi, jamais vous ne passez la soirée avec
madame de Beylchaus?

— Le dimanche!... quelquefois!... elle consent à
ne se coucher qu'à dix heures, et encore!... Ah! on
voit bien que vous ne la connaissez pas, ma femme!

Le petit sous-préfet se mordait les lèvres pour
ne pas rire. Il connaissait au contraire très bien
la femme du colonel, beaucoup mieux probablement
que le colonel ne la connaissait lui-même, quoique
depuis moins longtemps. C'était une superbe brune
de trente-huit ans, au maintien froid, raide, correct, à la tenue sévère, et, disait-on, d'une grande

austérité de mœurs. Elle était pourtant (dans les conditions où Maurice de V... la rencontrait) pleine de grâce, de laisser-aller et de bonne volonté. Il avait bien vu, à la facilité avec laquelle ils s'étaient liés, qu'il n'était pas le premier accueilli, mais il avait vingt-six ans, un reste de candeur, et il désirait, il espérait presque être le dernier.

Il avait donné à la jolie colonelle une clef du jardin de la sous-préfecture, et, depuis six mois, régulièrement trois fois par semaine, à huit heures du soir, il attendait à la petite porte, avec une impatience dont il était étonné. Il est vrai qu'à X... les distractions sont introuvables, et puis madame de Beylchaus était une belle femme, et quelle exactitude! Le colonel l'avait dressée!... Et le petit sous-préfet lui en savait un gré infini.

— Si vous connaissiez ma femme, vous verriez qu'il n'y a rien à faire avec elle. Ah! à propos! pourquoi donc ne venez-vous jamais nous voir ?

— Mais, colonel, je suis assez occupé... et puis d'ailleurs, je viens... quelquefois... et je...

— Oh! sans doute ! Vous venez me voir quand vous avez à me parler pour affaires de service, mais vous ne venez jamais chez ma femme! Elle reçoit le mardi.

— Mon Dieu, colonel, je suis un sauvage, et puis... vous savez?... les militaires et nous, ça ne...

fusionne pas très bien; c'est certainement très beau... les militaires... Mais enfin...

— Ça vous embête! Tant pis! Vous me plaisez beaucoup, vous!

— Vous êtes trop bon, colonel!

— Non, je ne suis pas bon! Vous me plaisez, je serais bien en peine de dire pourquoi. Vous me plaisez!... Voilà!... Ainsi, ce soir, eh bien! je suis enchanté de faire un tour avec vous.

— Moi aussi, colonel. Nous voici au bout du cours. Où allons-nous?

— Êtes-vous discret?

— Un vrai puits!

— Eh bien, alors, je vais vous avouer... ce que j'allais faire quand je vous ai rencontré

— Mais, colonel...

— Non, non, ce n'est pas ce que vous croyez! J'allais tout bêtement me promener, rue des Bénédictins, où demeure un de mes officiers; Beaugars, vous connaissez Beaugars?

— Pas du tout, colonel.

— Ça ne fait rien! C'est un lieutenant du régiment. Un beau gaillard! Et il entre chez lui, à cette heure-ci, une femme que j'ai déjà aperçue plusieurs fois, et qui m'a paru être très bien, oh! mais très bien! de loin! Je ne l'ai vue que de loin!

— Et vous désirez...?

— La voir de près, ma foi, oui! Je ne comprends pas où cet animal-là a pu dénicher une pareille femme! Grande, forte, découplée, et des talons hauts comme ça! Des talons! Je croyais qu'à X..., il n'y avait que ma femme qui en portait. Enfin, je voudrais savoir si c'est une cocotte... parce que... ça n'est pas amusant l'existence que je mène, et...

— Colonel!...

— Oui, ma femme me vexe en tout! Tout ce qui m'amuse l'assomme; tout ce que je fais est mal; tout ce que j'aime, elle le déteste! Ainsi, tenez, un détail typique. J'adore le bœuf nature... avec des petites saucisses autour; eh bien! elle refuse d'en faire servir! Elle dit que j'ai des goûts canaille. S'il est possible!... Je crois que nous passons la rue?

— Tiens, c'est vrai!

— Il demeure au 37, Beaugars! Voilà un beau garçon! Pas votre genre du tout, par exemple! il est aussi blond que vous êtes brun, et puis, plus grand, plus gros que vous! Pas très distingué, mais pourtant du sang!... un superbe cavalier. C'est l'officier de mon régiment que j'aime le mieux!... ça n'empêche pas que si... je pouvais lui souffler... Huit heures et demie!... Elle ne vient pas!... C'est bizarre, elle est toujours là à cette heure-ci.

— Elle ne viendra peut-être pas ce soir!

— Ça m'étonnerait. C'est vendredi, et elle vient toujours les lundis, mercredis et vendredis.

— Vous, dites...?

— Ça vous semble drôle que je sois si bien renseigné. Oh! nous autres militaires, nous sommes des gens précis. Tous les soirs, après mon café..., je vais faire un petit tour du côté du quartier... pour voir... sans avoir l'air... comment tout marche... quand on ne me croit pas là. Eh bien, j'ai remarqué que je voyais toujours entrer l'inconnue chez Beaugars de deux jours l'un, et que les jours étaient lundi, mercredi et vendredi.

— C'est bizarre!...

— N'est-ce pas que c'est bizarre? Même quand Beaugars est de semaine... elle entre. Mais positivement... ça ne doit pas être une cocotte... Elle se cache... Quand elle voit quelqu'un, elle file..., elle file... Je n'ai jamais pu en approcher, vous comprenez, en uniforme... moi... le colonel... Je ne pouvais pas me mettre à courir. Seulement, un soir... je l'ai vue entrer, et je savais que Beaugars était à l'appel. Je me suis promené sur le trottoir en l'attendant, et je lui ai dit : « Montrez-moi donc votre appartement? »

— Eh bien?

— Eh bien! le pauvre garçon est devenu pâle, tout pâle! Je le voyais sous le bec de gaz, il m'a fait de la peine. « Mon cher enfant, lui ai-je dit, c'est pour rire!... Je serais désolé de vous gêner; amusez-vous, allez! vous avez bien raison. Bonne chance et bonne nuit! Je regrette de ne pas pouvoir retarder la botte demain matin! »

— Vous avez eu tort de lui dire ça.

— Eh! pourquoi? Je n'ai pas l'intention de me poser en Prudhomme, ni d'encourager.... la vertu de mes officiers. Mauvais, dans le service, l'officier vertueux.... Mauvais, tatillon, tracassier, aigre-doux... Je crois que j'entends quelque chose.

— Mais non, rien du tout. Je crois même, colonel, que nous pouvons nous en aller; il fait un temps de chien!

— Comment! un temps de chien; il fait superbe! Après ça, allez-vous-en si vous voulez, moi je ne bouge pas; je veux en avoir le cœur net. Voyons, c'est bien les lundis, mercredis et vendredis, je ne me trompe pas...

— Non, vous ne devez pas vous tromper!

— Pourquoi ça?

— Oh! je ne sais pas; je dis ça...

— Ne bougez pas! Je crois que la voilà!

— Mais non, colonel!

— Quel beau temps nous aurons demain pour le travail en campagne! Tant mieux, parce que, voyez-vous, quand il pleut, ça ne va pas, ça attriste le soldat... Sapristi! j'ai manqué me flanquer par terre, j'ai mis le pied dans un trou énorme! Rien n'est éclairé! Ah! elle est jolie, votre police! Elles sont dans un bel état, vos rues! Ah! c'est du propre!

— Voyons ce trou, colonel?

Et le petit sous-préfet se rapprocha avec intérêt. Il venait d'entrevoir au bout de la rue une élégante silhouette, et il semblait tenir beaucoup à tourner vers le trou l'attention du colonel.

— Comment, vous ne voyez pas... là?... Mais il y a cinq ou six pavés qui manquent.

— Je ne vois rien du tout, colonel. La rue est en effet si mal éclairée...

— Attendez, je vais gratter une allumette... Sapristi! vous me la faites manquer!

— En voici une autre, colonel.

— Il s'agit bien de votre allumette!...

Et le colonel se précipita vers l'inconnue qui arrivait en face d'eux.

En le voyant, en l'entendant surtout, elle s'arrêta brusquement, recula, hésita une seconde, puis, prenant un parti désespéré, s'élança vers la porte et essaya d'entrer une clef dans la serrure.

Le sous-préfet arrivait en ce moment, courant derrière le colonel; il lui saisit vivement la tête dans ses bras, le força à faire volte-face et lui serrant étroitement le nez contre son ulster, il lui dit :

— Colonel, je vous demande bien bien pardon de ce que je viens de faire... Mais cette... dame... est ma maîtresse. Je croyais être seul à posséder ses faveurs, j'ignorais Beaugars! C'est une personne très considérée de la ville; je suis dans une bien sotte situation vis-à-vis de vous, et je vous supplie de ne pas en abuser. Je vais lui dire ce que je pense de sa façon d'agir! Ne cherchez pas à la voir.

— Allez, je ne bougerai pas !

— Vous le jurez ?

— Je le jure !

Le sous-préfet se dirigea vers l'inconnue qui, affolée, essayait vainement d'introduire sa clef.

— Impossible de la faire entrer !... Que vais-je devenir, mon Dieu ?

Il essaya à son tour, puis regardant tout à coup la clef :

— Ça ne m'étonne pas, dit-il froidement, c'est celle de la sous-préfecture.

Et il la mit dans sa poche.

— Eh bien, mon cher sous-préfet, elle est entrée ?

— Non pas; elle est partie! C'était avec ma clef qu'elle essayait d'ouvrir la porte de M. Beaugars!

— Ah bah! dites donc?... Comme cela, vous fusionniez avec Beaugars sans vous en douter?

15.

— Mon Dieu, oui !

— Et vous dites que c'est une femme bien posée
ci ?

— A merveille !

— Je la connais ?

— Certainement, c'est-à-dire, je pense...

— Et le mari ? Un imbécile ?

— Pas du tout !

— Eh bien, alors, comment ne sait-il pas que.. .?
Au fait, c'est toujours comme ça ! Enfin, je n'ai
aucune idée qui c'est.

— Je l'espère bien !

— Vous tenez donc vraiment à ce que je ne
sache pas qui ?

— Je le crois parbleu bien !

— Eh bien, soit.

— Il est certain que dans une ville de quinze
mille âmes... Mais tout à l'heure vous ne vouliez
pas attendre ?... Est-ce que vous vous doutiez...?

— Je me doutais depuis que vous aviez parlé des
jours !!!

— Je vous demande pardon de rire... Mais c'est
si drôle !... Vous aviez chacun les vôtres ? Beaugars,
les lundis, mercredis et vendredis... et vous, les
mardis, jeudis et samedis... Eh bien ! et le dimanche ?

— Le dimanche ! colonel ! dame !... peut-être qu'elle se contentait de... du bœuf nature !

L'autre jour, le colonel a rencontré le petit sous préfet.

— Venez donc quelquefois prendre une tasse de thé avec nous, ma femme reçoit tous les soirs !

— Tiens ! madame de Beylchaus ne se couche donc plus en sortant de table?

— Eh non ! Figurez-vous, c'est notre aventure de l'autre jour qui est cause de ce changement. Je l'ai racontée à ma femme, et quand elle a su que j'étais allé attendre une cocotte à la porte de Beaugars, elle m'a déclaré que je ne sortirais plus le soir et elle passe toutes ses soirées avec moi. Elle dort maintenant dans la journée, quand je suis retenu au quartier ou par le travail en campagne.

— Ah !

— A bientôt. Ah ! venez donc demain si vous n'avez rien de mieux à faire ; Beaugars doit venir nous le ferons enrager !

— Ce sera complet !

— Oui, ce sera complet !

LE DRAGON DES HESPÉRIDES

Bernard descendait les Champs-Élysées, le nez au vent, faisant le gros dos au soleil. Il se retournait pour regarder les petites femmes à la poitrine invraisemblablement bombée, si prodigieusement serrées à la taille que les hanches remontent en formant un pli; les petits chiens frileux, grelottant malgré leurs épais paletots; les nounous fraîches, sous leurs larges couronnes de rubans criards. Il trouvait tout charmant! tout, jusqu'aux bébés qui lui roulaient dans les jambes comme des boules, en poursuivant un ballon, et aux flaques d'eau laissées par la neige fondue sur la bande d'asphalte.

Ce jour-là, il était vraiment de bonne humeur. C'est dans cette disposition d'esprit qu'il rencontra X...

— Comme vous avez l'air guilleret! dit-il en voyant la figure épanouie de Bernard.

— Ai-je l'air guilleret? C'est bien possible, au fait je n'ai aucune raison pour être triste.

— Que faites-vous ce soir?

— Mais... je compte dîner au Club...

— Et puis?

— Ensuite, je vais aux Français.

— Lâchez donc les Français qui seront assommants et venez avec moi à *Lili*; il faut voir ça une fois ou l'autre, ainsi...

— Impossible. Je vais aux Français... dans une loge... où... je suis attendu... et...

— Ah! très-bien! Je n'insiste plus... du moment où vous êtes attendu... et où ça vous rend si gai que ça...

— Oh! dit Bernard d'un air dégagé, c'est tout simplement dans la loge de madame des Hespérides que je vais.

— Ah! tous mes compliments! je vous souhaite une bonne soirée... prolongée, mon cher.

— Euh! euh!

— Comment : « Euh! euh! » est-ce qu'il y a jamais un «euh! euh!» quand il s'agit de madame des Hespérides.

— Mais... c'est que, précisément, je ne suis pas du tout fixé là-dessus, moi!...

— Allons donc!

— Ma parole.

— Eh bien, vous pouvez vous dire que vous
êtes le seul, ou à peu près, car ce qu'il y a de gens
qui sont... fixés...

— Vous êtes sûr? Je me trouve avec elle dans
une situation singulière; il y a trois ans que je la
connais, et elle a été d'une réserve...

— Vous m'étonnez...

— Ah! c'est comme ça. On m'a raconté un tas
de choses; par exemple, que...

— Inutile... je sais tout.

— Mais, tout, quoi?

— Oh! ça serait trop long à raconter. Est-ce que
vous en êtes amoureux?...

— Presque.

— Diable! c'est trop. Elle est fine comme une
mouche, elle s'en est aperçue naturellement, vous
attendrez plus que les autres...

— Ah!

— Et plus vous attendrez, plus ce sera... dispen-
dieux...

— Oh!

— Mais, mon cher, d'où sortez-vous? vous me
faites des « oh! » et des « ah! » d'une naïveté !...
Certes, si cela n'était absolument connu et raconté
par les uns et les autres, je ne parlerais pas ainsi de
madame des Hespérides. Vous savez que, par

principe, je ne dis jamais de mal des femmes
honnêtes, on ne sait pas ce qui peut arriver...

— Alors... puisque vous êtes si au courant,
instruisez-moi.

— Il n'y a rien de fait?

— Absolument rien.

— Mais, enfin, le rendez-vous de ce soir doit-il,
selon vous, être... décisif?

— Je n'en sais rien du tout; elle m'a fait inviter
par un vieux cousin...

— Le vieux Z...?

— Oui, le vieux Z...! ...à aller ce soir aux Français dans sa loge. Je crois, du reste, qu'elle invite
quelqu'un tous les mardis.

— Oh! vous pouvez en être sûr. Eh bien, si elle
est seule...

— Comment, « si » elle est seule! Mais je l'espère parbleu bien.

— Oh! rien n'est moins probable, vous oubliez le
vieux cousin. Je reprends. Si elle est seule, soyez
aussi... aimable que vous voudrez; si, au contraire,
elle est accompagnée, souvenez-vous « qu'elle vous
la fait à la pose » et soyez profondément respectueux.

— N'est-ce pas qu'elle est ravissante?

— Oui, oui.

— Vous n'avez pas l'air de trouver?

— Mais si, mais si ; il est certain que je préfère les blondes, et elle est tellement, tellement brune... C'est inimaginable... Adieu, allez commander un bouquet, et bonne chance.

Et tandis qu'il traversait les Champs-Élysées, en enjambant les larges bourrelets de boue, X... se retourna encore et cria à Bernard :

— Blanc ! tout blanc surtout, le bouquet !

Bernard alla place de la Madeleine commander une botte de gardénias, puis il fit un tour sur le boulevard, revint aux Champs-Élysées, retourna au boulevard. Il ne savait que faire pour passer le temps qui le séparait du dîner ; il était comme une âme en peine, et s'avouait avec chagrin qu'il était amoureux de madame des Hespérides, non pas presque, comme il l'avait dit à X..., mais très sérieusement.

— Je parie que tout ce qu'on dit n'est pas vrai, pensait-il ; les hommes sont si fats ! il est impossible qu'avec cet air chaste... car c'est cet air chaste qui est son plus grand charme. . Je sais bien que c'est demander beaucoup, ça !... Et puis, d'ailleurs, est-ce si nécessaire ?... J'ai été fou pendant un an de la « grenouille bienfaisante », et sapristi !!! Oui, mais enfin, quand on cherche dans le vrai monde, c'est pour trouver ce qu'on ne rencontre pas dans l'autre...

Bernard dîna mal, il était distrait et si profondément absorbé, qu'on le plaisanta sur ses continuelles absences.

Enfin, à neuf heures et demie, il entrait dans la loge de la vicomtesse, qu'il trouva flanquée du vieux cousin et d'une vieille amie épouvantablement laide. Madame des Hespérides lui tendit gentiment sa petite main fine et molle; elle était divinement jolie.

Grande et grasse, avec d'immenses yeux bleus, un petit nez merveilleux, des cheveux violets à force d'être noirs, et des chairs roses et lumineuses, elle émergeait d'une robe cuisse de nymphe qui se fondait si complètement avec la nuance de la peau, qu'on ignorait où commençait le corsage. La vicomtesse était appétissante et jolie au possible.

Bernard aurait bien voulu s'asseoir derrière elle, mais le vieux cousin lui offrit la chaise placée derrière le monstre, et s'installa sur celle qu'il convoitait.

On jouait le second acte des *Rantzau* ; madame des Hespérides semblait écouter attentivement, mais son regard fixe et noyé, ses narines légèrement agitées, le souffle un peu précipité qu' sortait de ses lèvres épaisses et retroussées, indiquaient à Bernard que ce n'était ni à Got, ni à Worms qu'elle pensait, il l'espérait du moins.

Était-ce à lui? Il eût donné beaucoup pour en être
sûr, car à ce moment-là, la jeune femme lui semblait plus désirable que jamais, et la présence de la
vieille dame et de l'inévitable cousin l'irritait sin-
gulièrement.

Quand tomba le rideau, la conversation fut
banale, endormie, languissante. Bernard trépignait;
heureusement l'amie se leva :

— Madame de L... est en face de nous, dit-elle
au vieux cousin; donnez-moi votre bras, je veux
aller lui dire bonjour.

Dès qu'ils furent sortis la vicomtesse se tourna
vers Bernard.

— Voyez, murmura-t-elle en lui montrant un
gardénia qui se détachait en blanc sur la teinte
rosée de sa poitrine, c'est une fleur de votre bouquet.

Et, se tournant à demi vers Bernard, elle lui
tendit la main.

Il saisit cette petite main chaude et douce, et à
ce contact, la sienne devint glacée.

— Je vous adore! dit-il brutalement, d'une voix
enrouée...

A ce moment la porte de la loge s'ouvrit, et le beau
Montour entra la bouche en cœur. Il salua madame
des Hespérides, et, voyant Bernard rouge comme
un coq, il se rendit immédiatement compte de la

situation, et s'amusa enormément de les avoir
dérangés.

— Est-ce que vous avez mal à la tête ? demanda-
t-il à Bernard, qui, vexé, était allé s'asseoir au
fond de la loge.

— Pas le moins du monde, répondit-il sèchement.

— Ah! c'est que vous, qui êtes pâle d'habitude,
vous êtes cramoisi, vous n'avez pas votre mine
ordinaire. Ce n'est pas comme la vicomtesse, elle
est plus jolie que jamais. Savez-vous, chère madame,
que vous êtes belle à donner le vertige ? vos yeux
sont brillants... ah! mais brillants !...

— Insupportable animal ! il le fait exprès !
pensait Bernard en regardant Montour qui s'ins-
tallait, et commençait à passer la salle en revue,
aidé de madame des Hespérides, qui est toujours
prête, lorsqu'il s'agit d'écouter et de dire du mal
des autres.

Cette interruption malencontreuse lui était d'ailleurs totalement indifférente à elle...

— C'est désolant, se disait tout bas Bernard... ça
marchait si bien... trop bien même... Je devenais
fou... positivement... je ne savais plus du tout ce
que j'allais dire et faire... Tout de même, X... doit
avoir raison... on n'est pas... cruelle avec une bouche comme celle-là... et ce petit duvet sur la lèvre...
oh! ce petit duvet! est-il assez joli ?...

Bernard faisait sagement de causer avec lui-même, car ses deux compagnons ne s'occupaient guère de lui ; ils riaient, potinant, s'en donnant à cœur joie, et oubliant absolument qu'il était là. Lorsque le vieux Z... et l'amie revinrent, Montour se décida à se lever.

— Je m'en vais, « à présent », je gênerais, dit-il en souriant à Bernard exaspéré.

Cette fois, Bernard par une habile manœuvre s'empara de la chaise placée derrière la vicomtesse, et quand le rideau fut relevé, il put admirer tout à son aise sa jolie nuque couverte de mèches noires et soyeuses plantées très bas sur le cou rond qui s'attachait par une ligne superbe aux épaules fermes et nacrées. En se penchant un peu en avant, sous prétexte de regarder la salle ou un coin de la scène, il entrevoyait des choses qui achevaient de lui faire perdre complètement la tête.

— Quelle soirée je passerais, si ces deux vieux trumeaux étaient ailleurs ! se disait-il rageusement.

Il s'aperçut en ce moment que le vieux cousin le considérait sournoisement à la dérobée, avec une attention qui ne lui sembla nullement bienveillante.

Cet horrible vieillard avec son masque de satyre, qui passait pour le débris d'une beauté que la génération actuelle n'osait contester, avait dans le regard des lueurs fauves et étranges. Ce regard, menaçant lorsqu'il se posait sur Bernard, était, lorsqu'il arrivait à la jeune femme, d'une douceur infinie; ces yeux durs et clairs, tour à tour tendres ou haineux, furent pour Bernard la preuve que les racontars du Club étaient exacts, au moins sur un point. On disait que le vieux Z... était amoureux fou de sa jolie parente; il avait à présent la certitude que c'était absolument vrai, quelque invraisemblable que cela pût paraître tout d'abord.

— Il m'assassinerait s'il pouvait, cet affreux bonhomme, se disait-il en regardant la physionomie peu rassurante du viveur hors d'âge, qui continuait à le guigner en dessous.

A l'entr'acte, la vieille dame déclara qu'elle avait promis à madame de L... de finir la soirée dans sa loge, et elle réclama de nouveau le bras du cousin, qui se décida en grommelant.

— Enfin! dit Bernard quand ils furent seuls, je vais donc pouvoir vous dire à quel point vous m'avez ensorcelé, à quel point je suis à vous : que faut-il faire pour vous prouver mon amour?...

— Rien, rien, répondit-elle en souriant, je vous crois.

— Bien vrai? Et que dois-je espérer...?

— Tout et rien.

— Mais enfin?... Quand vous reverrai-je?

— Un de ces jours! vous viendrez me voir; vous savez, le lundi toute la journée, et le reste du temps à cinq heures... pour mes amis...

— Comme c'est drôle encore ça, de vous voir au milieu de vos amis!

— Je ne puis pourtant pas les mettre à la porte pour vous faire plaisir!

— Aussi, n'est-ce pas cela que je vous demande.

— Que me demandez-vous, voyons?

— Offrez-moi une tasse de thé...

— Quand cela?

— Ce soir.

La vicomtesse fit un bond.

— Ce soir! mais vous êtes fou!

— C'est vrai, mais c'est votre faute, il ne fallait pas...

— Pas quoi?

— Rien, vous avez raison. Mais enfin je ne vois pas pourquoi vous refusez ce que je vous demande; vous êtes seule, libre...

— Libre! mais personne, au contraire, n'est moins libre que moi; je suis surveillée, épiée...

— Ah!... votre cousin, n'est-ce pas?

— Mais... lui... et tout le monde.

— Parbleu, il vous adore!

— Pas du tout.

— Allons donc! Il est absolument féru, et...

— Pauvre homme! Vous oubliez son âge?

— Avec ça que ça fait quelque chose l'âge, dans ce cas-là. « Il pourrait être mon père! » Je la connais cette phrase-là!... Le chien du jardinier non plus n'avait pas faim, mais il ne voulait pas voir manger les autres! Voyons, accordez-moi ce que je vous demande.

— C'est absolument impossible! Ah bien! si on voyait monter quelqu'un chez moi à minuit, ça me ferait une jolie histoire!

— Mais je vous jure que je souffre... que depuis longtemps, longtemps, je vous aime passionnément...

— Et comme on vous a dit qu'on m'avait comme on voulait, vous...

— Non, je ne sais rien... je ne veux rien savoir...

— Ma chère enfant, dit le vieux Z... qui rentrait, à quelle heure avez-vous donc demandé votre voiture?

— Mais à onze heures, comme toujours.

— C'est ce qui me semblait. Eh bien, elle n'est pas là.

— Comment!

— Elle arrivera peut-être encore, il est onze heures et demie.

— Oh! non! Il sera arrivé quelque chose, le

cocher est extrêmement exact... Il se sera endormi, et aura laissé passer l'heure...

— Mon coupé est à vos ordres, madame, dit vivement Bernard, qui, à l'instant, entrevit un délicieux retour.

— Merci, mais c'est que... j'ai promis à madame X... de la reconduire, et elle n'a pas demandé sa voiture...

— Ah! mon coupé est si petit, qu'il serait, je crois, impossible d'y tenir à trois, et je n'oserais vous laisser aller sans moi... le cheval qui est attelé ce soir n'est pas très mis et... si quelque chose n'allait pas bien...

— La voiture est peut-être là maintenant, dit tout à coup le vieux Z..., je vais voir encore.

Et il sortit.

— Acceptez, je vous en prie, acceptez, supplia Bernard, je serai si, si heureux de vous reconduire.

— Mais madame X... il faut absolument rentrer madame X...

— Où demeure-t-elle?

— Rue de Luxembourg.

— Eh bien, c'est parfait! Nous la déposons respectueusement chez elle et nous filons ensuite. On s'empilera comme on pourra. Oh! que je suis content!

— Si j'accepte, vous serez... sage?

16

— Oui, oui...

— Promettez-le-moi?

— Je vous le promets! Quel bonheur! Je ne me doutais guère que cette soirée finirait ainsi!... Votre cocher a rudement d'esprit.

— Il est peut-être arrivé?

— Mon Dieu!

— Est-ce que le cocher est là ? demanda Bernard inquiet, au cousin, qui rentrait.

— Non, répondit laconiquement le vieillard, qui semblait d'un peu moins méchante humeur.

— En ce cas, voici ce qui est convenu, dit Bernard : ma voiture va reconduire ces deux dames... Pour ne pas les serrer, je monterai sur le siège, il fait très doux.

— Ma chère enfant, je crois qu'il est temps de mettre votre pelisse, voilà la fin, dit le vieux Z... en se levant.

Bernard se précipita pour saisir la pelisse, et avoir le plaisir de la poser sur les épaules de la jeune femme, mais le vieillard le prévint; il décrocha la longue mante de peluche feuille de rose et aida la vicomtesse à s'y rouler, la tripotant complaisamment de ses mains osseuses, aux longs doigts noueux et flétris.

Bernard très pâle mâchonnait furieusement sa moustache, jamais il n'avait été aussi crispé; heu-

reusement le retour allait le dédommager. Le vieux
Z... prit le bras de la vicomtesse; Bernard suivait
bêtement. En arrivant aux loges de face, ils ramas-
sèrent la vieille dame à laquelle il fut contraint
d'offrir son bras; en descendant l'escalier, madame
des Hespérides se retourna et lança à Bernard un
délicieux regard velouté, profond, tout chargé de
promesses; il se sentit radieux.

— Je vais, dit-il en arrivant au péristyle, faire
avancer la voiture, je reviens.

Il sortit dans la boue, courut sous la pluie bat-
tante, et revint rayonnant; il ne trouva que le vieux
Z... qui lui dit avec un mauvais sourire :

— J'ai casé ces dames dans le fiacre que j'avais
retenu, mais puisque vous avez une place jetez-moi
donc à l'*Impérial,* voulez-vous?

L'AGENDA

I

JANVIER

Samedi 1er janvier. — Quel jour assommant, mon Dieu ! Et qu'il semble long, malgré tout ce qu'on a à faire ! Enfin, c'est fini ! Pour mes étrennes à moi, je m'offre une grande pelisse Louis XVI, eu drap de soie gris-argent, doublée de chinchilla. J'aime tant cette fourrure ! c'est léger comme de la plume... Elle est bien jolie, ma pelisse, mais Dieu sait ce qu'elle va me coûter !... Je passerai lundi chez Caroline... J'ai hâte de le savoir... Je voudrais bien, cette année, ne pas dépasser ma pension, si c'est possible ! Cinquante mille francs ! ça a l'air de quelque chose, comme ça, à l'œil... En réalité, ce n'est rien du tout... ça file ; on ne se figure pas avec quelle rapidité ça file ! La toilette, les menus plaisirs, ça va d'un vite !

Mardi 4. — Été chez Caroline, la pelisse est de 745 fr. 50, sans la fourrure ; je dois régler, paraît-il, directement avec le fourreur, qui a employé des peaux à moi. Donc :

Pelisse Louis XVI 745.50

Je passerai demain chez le fourreur. Ah ! et puis, il faut voir chez Pilon, pour mon traîneau, s'il est encore temps d'arrêter... Voilà une fantaisie que je regrette, par exemple ! Je suis sûre qu'il ne gèlera pas, et, l'an prochain, je me trouverai avec un traîneau démodé : c'est bête, ça !

Mercredi 5. — *Une doublure en chinchilla, ayant employé 394 peaux, à 15 francs l'une* . . . . 5.910 »

C'est fantastique ! Je suis donc énorme, ou alors un chinchilla est bien petit..., pas si gros qu'un rat... Il faudra que je cherche ça dans l'histoire naturelle.

Voyons un peu. . . . .   5.910 »
et. 745.50
                                        ─────────
font. 6.655,50

Franchement, elle ne fait pas l'effet de ce qu'elle coûte, ma pelisse ! Elle est jolie, certainement !... mais pour ce prix-là !...

Samedi 8. — Entrée chez Pilon. Il croit que le traîneau n'est pas fait; je me suis laissé entraîner à une folie. Un amour de petit coupé, délicieux, tout noir, doublé de satin myrte, un rêve ! Le mien roule depuis 18 mois, il fallait le réparer... Pilon me l'a bien dit, et pendant ce temps-là, j'aurais été obligée de prendre les grandes voitures, tandis qu'ainsi... Panache sera splendide attelé à ce coupé microscopique... je l'ai payé tout de suite pour n'y plus penser; on peint les armes, et dans cinq ou six jours je l'aurai...

Un coupé presque égoïste, noir, sans rechampi; doublure satin vert myrte capitonnée ; grande glace ; garniture d'ivoire ; boîte à toilette, etc., etc. 4.000

Ajouté les armes. 500

Il est certain que c'est plus cher que le traîneau, mais c'est tellement plus pratique...

Mercredi 12. — Posé pendant deux heures pour mon costume de Pierrette. C'est une merveille que cette aquarelle ! et j'aimais autant qu'elle me ressemblât. Enfin je l'ai, et vais aller lui commander un cadre digne d'elle.

Aquarelle costume Pierrette. . . . 2.500
Boîte de Saxe pour envoyer les 2,500 fr. à madame Madeleine. . . . 200

Ça augmente l'aquarelle de dix louis, mais jamais je n'aurais osé envoyer le prix autrement... tandis que, de cette façon, ça va tout seul.

Abonnement de bouquets de manchons, de corsage et de boutonnières pour monter à cheval, un mois 3oo

Il paraît que ce mois-ci, j'ai demandé des fleurs très rares... extrêmement rares, car le mois dernier je n'ai payé que 220 fr.: quatre louis de différence ! Je vais m'informer de fleurs plus simples... car vraiment...

Dimanche 16. — Aujourd'hui, je l'ai rencontré en allant à la messe... Pourquoi donc ai-je été à pied ?... Quelle idée bizarre ! c'est une fatalité... et en allant à la messe, encore ! ! ! Je ne comprends pas que le bon Dieu permette des choses comme ça ! ! ! Je suis sur une pente... c'est évident, une pente rapide même... je sens cela très bien... et je me raccroche à tout, cependant...

Lundi 17. — Elle n'était pas réussie ce soir, ma toilette ! et les cheveux plats me vont décidément mieux... Je ne changerai plus ma coiffure, jamais, jamais... Il a dit en parlant de madame X..., qui est coiffée comme je l'étais ce soir, qu'elle a l'air des têtes qui tournent chez les coiffeurs... Il a ajouté

qu'il détestait « les bonnets à poil » et que ça dépa-
rait la plus jolie femme !...

Dimanche 23. — Je m'ennuie, toujours et partout ! Qu'est-ce que j'ai donc ?... On me fait bien
attendre cette visite promise ! Est-ce pour me pi-
quer au jeu ?...

Positivement, Panache ne va pas du tout au petit
coupé... le cocher dit que quand il traîne cette co-
quille de noix, il ne sent rien et se croit en liberté.
Il le prouve bien qu'il se croit en liberté ! il pointe,
il saute... c'est impossible de continuer ainsi sans
accident !... D'un autre côté, mon mari, auquel j'en
ai parlé, m'a répondu « que quand on achète des
» voitures ridicules, on ne doit pas s'étonner que
» les chevaux n'aillent pas bien ; que le seul atte-
» lage possible à ça, était des poneys, et que si j'en
» voulais, je n'avais qu'à les acheter. » Enfin, il
m'a envoyé promener carrément !...

Mercredi 26. — *Avant-scène au Pa-*
lais-Royal. 60 10

Pourquoi ai-je organisé cette soirée? Pour la
passer avec lui !... Ça devient grave... très grave !...
c'est la sixième fois que je vois *Divorçons* ; c'est
amusant, extrêmement amusant même, mais six
fois !... et de suite !...

Jeudi 27. — Avant-scène au Vau-
deville. 60 10

Vendredi 28. — Baignoire à l'O-
déon 25 10

C'est la première fois que je vais à l'Odéon avec
plaisir. Une bonne soirée ! là, vrai, vrai !!

Total du mois de janvier 12.110 80

Dimanche 30. — C'est effrayant ! plus de douze
mille francs pour un mois ! en deux mois, ça fait
vingt-quatre mille ; en quatre mois, quarante-huit
mille : il me restera au bout de quatre mois, deux
mille francs pour achever l'année qui commence.
C'est gai !

FÉVRIER

Dimanche 6. — Payé mon abonnement de fleurs en sortant de la messe ; au moins, je n'y penserai plus.

Un mois d'abonnement bouquets de manchons, de corsage et de boutonnières pour monter à cheval. . . . . 285 »

J'ai fait observer que je n'étais pas montée une seule fois à cheval pendant le mois de janvier, et on a diminué 15 francs.

Mardi 8. — Vu les étoffes pour le costume de Pierrette. Choisi du satin mou et terne, soufre très pâle ; tous les boutons seront des boules d'hortensias à feuillage diamanté. La robe décolletée, et au cou la grosse fraise toute en hortensias. Le chapeau très pointu, en satin soufre coulissé, à longs rubans et pompons d'hortensias. Virot s'est surpassée ; avec cela, un serre-tête rouge cardinal, qui jettera

une note hurlante et brutale au milieu de cette
gamme douce et tranquille. C'est d'un effet très
heureux, le serre-tête!... C'est le grain de beauté
du costume. Pourvu que ça lui convienne, mon
Dieu! car il n'est pas facilement satisfait!... Je n'ai
pas osé lui demander son avis... J'aurais peut-être
mieux fait...

Mercredi 9. — *Avant-scène aux*
Nouveautés 60 10

Jeudi 10. — 12 *jupons batiste gar-*
nis de malines, à 50 *francs le jupon.* .   600 »

12 *pantalons batiste garnis malines,*
à 40 *francs pièce.* . . . .   430 »

12 *chemises batiste, garnies valen-*
ciennes, à plastron de valenciennes,
garnies aussi du bas, à 100 *francs*
pièce . . . .   1.200 »

2 *corsets de satin blanc parfumés, à*
90 *francs le corset* . . . .   180 »

6 *jupons mousseline à volants, gar-*
nis valenciennes, à 60 *francs pièce.* .   360 »

Costume de cachemire de l'Inde,
noir, brodé de jais . . . .   650 »

Bottines avec lesquelles je puisse
marcher. . . . .   80 »

*Voile de tulle noir, brodé de jais
et doublé de gaze blanche.* 11 80

Samedi 12. — Passée chez Creed, essayé mon amazone. Quelle drôle d'idée de monter à cheval dans cette saison-ci ! et le matin encore ! Enfin ! il m'a demandé cela si doucement, si gentiment, me disant que c'était une occasion de passer deux heures de plus ensemble, que je n'ai pas osé lui avouer à quel point il m'est pénible de me lever à 9 heures au mois de février, et toute l'année, du reste !

Lundi 14. — Décidément il ne sait pas écouter ! Cette soirée à l'Opéra m'a affreusement énervée !... Ce n'est pas très juste pourtant... car, lundi dernier, il avait bavardé tout autant : peut-être même plus... Oui ; mais à ce moment-là... il était excusable ! il ne pouvait me voir que là... ou, du moins, dans les mêmes conditions... tandis que maintenant... Comment, déjà une tache ?... Oh ! non ! Une ombre, tout au plus !...

Mercredi 16. — *Amazone de drap
cuir vert-bouteille* . . . . 350 »
J'espère qu'elle sera chaude au moins ! dans tous les cas, elle est d'un dur ! on dirait du fer-blanc !...
Vendredi 18. —Quelle singulière organisation !

17

Hier, il est venu me voir, il est resté trois heures...
Moi je brodais, je ne puis rester à rien faire...
quand je ne m'amuse pas... Comme la conversation
languissait, je lui ai demandé de me lire la chronique théâtrale du *Temps*; depuis lundi, je n'avais
pas eu un instant... il m'a répondu : « Comment !
» vous lisez des choses pareilles ? » Des choses pareilles ? qu'est-ce que ça peut bien vouloir dire ?...
Puis il a pris le journal... Ah ! Dieu ! ma pauvre
chronique qui m'amuse tant ! C'était horrible !...
Il ne s'arrête ni aux points, ni aux virgules, et il
lit du nez !

Lundi 21. — A l'Opéra. Encore une soirée
manquée ! Non pas qu'il ait parlé plus qu'à l'ordinaire... seulement... je crois que ça m'amuse
moins... Et puis, quelle sotte façon de faire des
compliments sur le dos des autres !... « Madame
de L... n'est pas jolie ! Clotilde a le teint jaune ! La
comtesse V... est fanée ! Mauri a la beauté du diable, tout au plus... Madame Z... est déformée, etc.,
etc., » et comme ça pendant trois heures ! Et tout
ça pour vous expliquer qu'on vous trouve mieux
que les autres. Comme si cela signifiait quelque
chose, et si, au contraire, il n'est pas plus flatteur
de plaire à un homme de goût qu'à un qui n'y connaît rien...

Mercredi 23. — Ce matin, on a amené le traîneau, voilà une tuile !!! Il était fait !!

Un traîneau noir, garni peluche blanche capitonnée. 2.500

Lanterne d'argent ciselé aux armes de madame la marquise 660

Couverture de peluche blanche. Plaque d'argent aux armes de madame la marquise. 470

Enfin ! puisque c'est fait, il n'y a pas à le regretter ! ça ne servirait à rien !!! Seulement, si j'avais su, je n'aurais pas acheté le coupé... auquel Panache va de moins en moins bien !! c'est risquer sa vie que sortir là dedans !! Si Jane veut me vendre ses petits poneys, je suis décidée à les prendre.

Samedi 26. — *Costume de Pierrette satin soufre, garniture hortensia, à feuillage diamanté* 1.400

Chapeau cône coulissé satin soufre ; hortensias et rubans feuille de rose et soufre 130

Serre-tête surah rouge cardinal . . . 49

Vais-je m'amuser à ce bal ?...

Je n'en sais trop rien... je suis triste... je ne sais si c'est ce ciel gris, mais j'ai envie de pleurer.

Souliers de satin soufre à bouffettes d'hortensias, talons argent. . . . .　100

Il lui est donc impossible de rester tranquille !! il ne se plaît que dans la rue, à pied, à cheval ou en voiture... mais en mouvement, en mouvement toujours !...

Partitions et musique . . . .　130

Je vais faire un peu de musique quand je suis seule, puisque je ne puis plus écouter celle que je désire entendre... Il me répète toujours lorsque j'ai l'air distraite : « Mais vous les avez entendus cent fois les *Huguenots* ? mais qu'est-ce qui peut vous plaire dans *Aïda,* je me le demande ?... » Oh! ce « je me le demande » me met dans un état ...!

Lundi 28. — Je n'ai pas été à l'Opéra. J'ai envoyé ma loge à Simone, en disant que j'étais souffrante... j'avais peur de lui dire quelque chose de trop vif.

Voyons les comptes. . . . .　9.695 90

Il y a progrès, mais enfin, ce n'est pas encore ce qu'il faut ! Je ne peux pas... je suis toujours débordée, je ne comprends pas comment cela se fait. C'est sa faute, aussi ; il n'a pas des goûts simples, oh ! mais pas simples du tout !...

III

MARS

Jeudi 3. — Je sens le besoin d'avoir une affection sérieuse... un ami qui me soit fidèle, sans
m'ennuyer... Je vais acheter un chien.

Vendredi 4. — *Un griffon écossais noir, d'ar-*
rêt, de la plus grande taille, 18 mois ;
très bien dressé ; a déjà chassé une sai-
son ; a eu la maladie. 1.200

Il est beau, mon chien ! il est superbe ! j'aime à
passer ma main sur sa bonne grosse tête tandis
qu'il me regarde avec ses grands yeux jaunes re-
connaissants. Il a le poil rude, par exemple ; on
croirait caresser un hérisson ! Je vois qu'il comprend très bien qu'il est à moi. Il se jette sur tou
le monde, excepté sur moi... Il est plus heureux
qu'au Jardin d'Acclimatation, on va lui mettre une
niche à la porte de ma chambre. Il y sera enchaîné,

parce que sans cela, le matin, il ne permettrait pas
à ma femme de chambre d'entrer... Ça sera d'un
effet très drôle, cette énorme niche!... car il faut
qu'elle soit énorme!...

Il s'appelle *César*, c'est affreux! Quel nom vais-
je lui donner?

*Samedi 5. — Une niche en peluche vieil or, la
porte montée sur gonds d'argent, toit
mobile, fenêtres fermant par des espa-
gnolettes d'argent; le tout au chiffre du
chien; hauteur de la niche, 1 mètre 50
centimètres* . . . .　1.000

Un collier-gourmette argent. . . . . .　60

*Gravé le nom du chien et celui de ma-
dame la marquise, plus l'adresse.* . . . .　15

Le voilà installé; pas pour rien, il est vrai; mais
il est à merveille. Je l'ai appelé *Arthur*.

Mardi 8. — Je prendrai, si cela continue, l'O-
péra en horreur; mais cela ne continuera pas. On
n'a pas idée à quel point c'est énervant d'entendre
quelqu'un qui toute la soirée vous accapare et vous
empêche d'écouter les *Huguenots*, en vous chucho-
tant des pauvretés à l'oreille... Je sais bien que les
Huguenots, avec madame Dufrane... et mademoiselle de Vère... sont les *Huguenots* si on veut...

Mais enfin, c'est toujours plus amusant que ce qu'il me raconte... Une chose me console : c'est que, hier, j'étais très jolie... je l'ai bien vu... Elle est charmante, cette robe de crêpe de Chine, et elle va !...

Jeudi 10. — Reçu la note de Caroline ; elle est salée !...

Robe de crêpe de Chine ivoire, brodée d'argent ; fraise de Médicis également brodée ; tablier dentelle d'argent. 1.700

Costume de peluche loutre, garniture loutre du Kamtchatka. 2.000

Costume de peluche vert-bouteille, garniture chinchilla . . . . : 2. 00

Robe de velours de Gênes feuille de rose, décolletage dogaresse ; broderies perles roses et garniture à franges de perles 2.200

Costume de cachemire de l'Inde et peluche bleu de roy. 800

Robe de chambre de peluche turquoise, doublée satin lapis, ouverte sur dessous vieux point, semé de bouquets de violettes de Parme parfumés. 1.600

Six robes, je ne pouvais pourtant pas en faire faire moins que cela !...

Vendredi 11. — Il est furieux! Arthur l'a un peu mordu, très légèrement... ça n'a même pas saigné; ma foi, ce n'est pas ma faute! Il entre toujours en hésitant, en se faufilant comme un pauvre!... Les chiens détestent ça!

Samedi 12. — *Chaîne d'argent pour gros chien.*   90
Mes violettes aussi le gênent. Elles lui font mal à la tête! C'est très ennuyeux! j'ai toujours eu mon piano et ma petite table couverts d'un gazon de violettes, ça me privera beaucoup de supprimer cela... Et puis, on va me demander pourquoi. Je vais m'occuper d'avoir d'autres fleurs; peut-être que des primevères très bas de tige pourront remplacer... mais ça ne sent rien, c'est une fleur bête...

Dimanche 13. — *Abonnements de bouquets de manchons et de corsage; un mois.* . . .   280
On va arranger le piano en primevères roses, et la table en primevères blancs, mais ce sera affreux!

C'est ennuyeux les gens qui ont des manies et qui les imposent. Si au moins il savait lire! j'oublierais mes pauvres violettes, mais pas moyen, il ânonne, c'est épouvantable.

Mardi 15. — Soirée plus désagréable hier que

jamais. Presque une scène, parce que j'avais une coiffure un peu élevée. Il trouve que cela ne me va pas... Moi, je crois, au contraire, que c'est parce que cela me va trop bien. Il m'aime bien, mais il me tourmente trop...

Vendredi 18. — Reçu la note de Virot.
Chapeau phoque, avec hibou 130
Chapeau « Marie », velours bleu de roy 165
Chapeau Félicie, peluche vert-bouteille. 120
Chapeau point d'esprit, blanc, cordon de perles. 150

Samedi 19. — M'amuserai-je ce soir au bal costumé ?... Je ne suis plus jamais sûre de m'amuser nulle part...

Dimanche 20. — Ah ! non, je ne me suis pas amusée ! il s'en faut ! Ne voulait-il pas danser le cotillon avec moi ! comme si nous ne nous voyions pas assez sans !... C'était fou ! Eh bien, il s'est fâché ; oh ! mais là, bien, tout à fait fâché. C'est absolument ridicule !...

Et puis, en valsant, il me serrait ! !... il me serrait ! ! mon pauvre costume était tout marqué aux places

17.

des baleines! Et il était si joli, mon costume!
J'avais beau lui dire: Mais pas si fort, pas si fort...
une autre fois, plus tard... il ne voulait rien entendre!
et dame, ça m'agaçait... J'ai peut-être été un peu
grinchue... c'est bien possible... Alors, il m'a dit
que je n'avais pas de cœur. Pas de cœur! allons
donc! Est-ce que, si je n'avais pas de cœur, je...?
Ah! non! jamais de la vie!... Au fait, cela peut-il
bien s'appeler du cœur, ça...? Je n'en sais trop rien.
Et si ça n'en est pas... qu'est-ce que c'est donc, mon
Dieu?

Mercredi 23. — Ce n'est plus tenable... il me
reproche tout!... « Je manque d'égards! Mais en
quoi?... Sans vous en rendre compte, malgré
vous!... » Mais sapristi! alors, ça n'est pas à en
manquer!... Quand, sans le faire exprès, je marche
sur la patte d'Arthur, il ne m'en veut pas, lui! et il
ne peut pas comprendre que c'est involontaire cependant, tandis que... Ah! c'est décourageant, là,
vrai! décourageant et assommant. Du reste, quand
je me désolerais, ça ne changera rien; j'ai fait une
bêtise, je la reconnais... et puis voilà!!!

Jeudi 24. — Regarni la petite table et le piano
de violettes de Parme. J'ai payé pour que cela ne
soit pas sur la note d'abonnement de la maison.

Garni une table et un piano de violettes de Parme doubles, 150 francs ; déduit les prime-vères fournis le 13 mars, et repris pour 25 francs. . . . . *reste* 125

Lundi 28. — C'est fini ! fini !! fini !!! je suis tranquille... de ce côté-là... mais il reste le côté des comptes !

Janvier.	12.110 80
Février.	9.695 90
Mars.	14.245 »
	36.051 70

J'ai dépensé beaucoup et je ne me suis pas amu-sée... J'ai fait faire des toilettes pour lui plaire, et je regrette de lui avoir plu...

. . . .

Mercredi 30. — ??? Nouvelle lune.

INNOCENCE

« Mon cher Guy, tu crains, dis-tu, que tes enfants trouvent le séjour de Kerséver bien triste, cet
été, à cause de ton deuil qui t'empêche de recevoir
personne. Veux-tu me les envoyer dès qu'elles ar-
riveront du couvent? il y a cinq ans que je n'ai vu
ma chère petite filleule et ses sœurs, et je serai très
heureuse de les conserver le plus longtemps possible aux Étangs. Ne crains pas que le séjour des
Étangs soit trop gai pour des jeunes filles, je sais
que tu les as élevées un peu austèrement; tu peux
me les confier, je ferai ce que tu ferais toi-même.
Les invités tapageurs sont partis tout de suite après
l'ouverture, et je ne compte pas les renouveler; j'as-
pire au repos entre ces chères enfants. Il ne reste ici
que Henry, mon beau-frère, Jacques, mon oncle et

ma tante de Forsac, mademoiselle Mina, mon ancienne institutrice, l'abbé, les enfants, et c'est tout.
Tu vois que ce personnel est rassurant.

» Mon mari et moi t'envoyons nos meilleures
amitiés.

» A toi.

» CORYSE. »

Madame de Beaubourg attendit anxieusement
la réponse. Elle désirait vivement revoir ses petites cousines et se dédommager de ses débuts de
saison. La première série d'invités lui avait été insupportable. Le beau Gontran et madame de Sgob-
toultan avaient profité de leur séjour aux Étangs
pour se brouiller bruyamment. Clotilde et M. de
Gransac avaient fait tout le contraire; ces deux
choses indiscrètement exécutées sont toujours fort
désagréables pour une maîtresse de maison. Le général et M. de X... n'avaient cessé de parler politique et, par conséquent, s'étaient disputés sans arrêter pendant huit jours; la châtelaine avait vraiment acquis le droit de se reposer. La venue de ces
trois jeunes filles, élevées au couvent, allait apporter aux Étangs la gaieté sereine et tranquille que
tout le monde souhaitait. Elles devaient être bien
jolies, les petites de Kerséver. Il y a cinq ans, l'aînée, Diane, était déjà superbe, elle a dix-neuf ans

aujourd'hui; Coryse, la filleule de madame de
Beaubourg, devait en avoir dix-sept, et Pierrette,
la dernière, quinze ou seize à peu près.

Quelle transformation avait dû se produire pendant ces cinq années!... Separé de sa femme, M. de
Kersèver avait envoyé ses filles en Autriche, dans le
couvent le plus austère et le plus éloigné qu'il avait
trouvé. Il ne voulait pas que ses filles pussent
apprendre ou soupçonner quoi que ce fût de l'existence de leur mère. Enfin la mère était morte, et
les pauvres petites captives recouvraient la liberté.

Deux jours plus tard madame de Beaubourg recevait une lettre lui annonçant pour le lendemain
l'arrivée des trois jeunes filles.

Au dîner on ne s'occupa que d'elles.

— Quel bonheur, dit la châtelaine, d'avoir sous
les yeux ces jeunes filles pures, chastes, élevées par
de saintes femmes loin de toutes les turpitudes et
banalités mondaines!

— Le fait est que ça nous changera, répondit
l'oncle de Forsac, qui détestait les femmes élégantes
et futiles.

— Je vous en prie, supplia madame de Beaubourg, tenez-vous bien devant elles; songez que
leurs oreilles n'ont jamais rien entendu de risqué, et que les choses que vous dites continuelle-

ment sans y prendre garde, leur paraîtront des monstruosités...

M. de Beaubourg fit observer que la conversation était généralement convenable.

— Pas du tout. Par exemple, vous dites à chaque instant : « Je m'en fiche. »

— Eh bien, mais il n'y a pas de mal à cela, je présume...

— Devant moi, devant ma tante, ou mademoiselle Mina, ou M. l'abbé, évidemment non, mais devant ces fillettes, ce serait mal... Il faut respecter ces naïfs effarouchements...

— Ils sont si rares, qu'effectivement quand on les rencontre...

Madame de Beaubourg se retourne furieuse vers son beau-frère.

— Vous, Henry, vous me ferez le plaisir de vous tenir tranquille, et de ne pas parler argot avec Jacques.

Tout le monde proteste que l'on aura une tenue irréprochable.

Le lendemain on va à la station chercher mesdemoiselles de Kerséver.

Éblouissement général.

Diane est grande, rousse, avec de grands yeux glauques; la peau est d'une éclatante fraîcheur, les dents admirables, le buste épanoui et les bras ronds

et fermes semblent faire craquer le corsage et les
manches, tendus avec un peu d'exagération, les
pieds et les mains sont superbes. C'est u e femme
de Rubens, avec la physionomie en plus et la vul-
garité en moins.

Pierrette, la dernière, est de ce blond argenté et
lumineux qui devient si rare. Les yeux sont noirs
doux et un peu tristes; le profil est correct, la bouche petite et bien dessinée, le teint rosé. Elle est de
taille moyenne, remarquablement bien faite et gracieuse; c'est la plus régulièrement jolie des trois.
Une vraie gravure anglaise, une héroïne de Walter
Scott.

Mais la plus étrange, celle qui attire et fixe tous
les regards, c'est Coryse, la filleule de madame de
Beaubourg. Impossible de rêver un type plus bizarre; il y a en elle un mélange indéfinissable d'enfant et de femme, de Parisienne et de sauvage.
Tout dans ses traits et dans ses allures est heurté et
souple à la fois. Plutôt petite, elle paraît grande,
tant la ligne est serpentine et vigoureusement ac-
cusée. Les cheveux, d'un noir bleu, mais soyeux et
brillants, sont plantés très bas sur un petit front
d'une pureté admirable. Les sourcils noirs sont absolument droits et très rapprochés à la racine du
nez. Les yeux immenses, et bleus comme des sa-
phirs, sont voilés par des cils touffus et frisés. Le

nez frémit continuellement. Les lèvres d'un rouge
violent laissent entrevoir des dents pointues d'une
étincelante blancheur. Le menton est un peu angu-
leux, les oreilles fines et roses, le teint légèrement
orangé. Toutes ces étrangetés en font la créature la
plus singulière, mais la plus séduisante qu'on puisse
imaginer.

Le beau-frère, Henry, est en extase, et M. de
Beaubourg trouve les petites cousines étonnamment embellies.

Jacques guette le retour de l'omnibus en tambou-
rinant sur les vitres de la bibliothèque. Lui aussi
s'attend à voir déballer des petites pensionnaires
sottes, fagotées et gauches; la vue de trois nym-
phes habillées par Caroline le plonge dans une stupéfaction voisine de l'ahurissement. Il s'avance sur
le perron et regarde avec un intérêt croissant, tandis qu'au premier étage l'oncle de Forsac crie d'une
voix retentissante:

— Bravo, les petites nièces, bravo, mes enfants,
vous ne ressemblez plus aux trois petites chenilles
desquelles j'avais gardé un souvenir très peu
agréable.

Un quart d'heure avant le dîner, les trois sœurs
font leur entrée dans le salon.

Toilettes très simples, mais moulant la taille...
et le reste.

Elles sont adorablement jolies.

Fred, l'aîné des enfants, vient se camper devant elles et les regarde avec une admiration qu'il ne cherche nullement à dissimuler.

— Alors, comme ça, vous êtes nos cousines?

— Mais oui, dit Diane qui le prend sur ses genoux. Est-ce que cela te plaît, Fred?

— Oh! oui!! parce que je vous trouve très belles.

— Tant mieux! s'écrie Coryse en frappant joyeusement dans ses petites mains, ça me flatte beaucoup! Les enfants ont bien plus de nez que les hommes!

— De nez? dit madame de Beaubourg étonnée.

— Oui, marraine. Est-ce que vous ne croyez pas, dites?

— Plus de flair, reprend doucement Pierrette, en filant son regard de velours à travers ses cils abaissés.

Pendant ce temps, Fred, des genoux de Diane, a passé sur ceux de Coryse, en dépit des signes désespérés de l'abbé qui fait le télégraphe avec ses bras et ses sourcils. L'enfant commence par tripoter la branche de lierre qui traverse comme un grand cordon le corsage ouvert en cœur assez bas; puis, du lierre il passe à la peau, sur laquelle il

promène la main en disant : « C'est doux. » Coryse
alors le pose à terre.

; — Il ne faut pas toucher ainsi, tu es encore trop
petit, dit-elle simplement.

Tableau.

Henry remarque, à l'oreille de sa belle-sœur,
que les petites cousines semblent très dégourdies.

Oh! oh! les petits anges devant lesquels il ne fallait pas parler argot !!...

Diane s'approche en ce moment et, de l'air le
plus dégagé, demande à madame de Beaubourg :

— Ma tante, est-ce que vous avez des lards?...

— Tu dis?

Coryse prend la parole:

— Pas seulement la queue d'un. Avant de m'habiller, j'ai cherché dans tous les petits pots de marraine...

— Comment!... dans quels petits pots?

— Dans la petite armoire ancienne qui est au-
dessus de la baignoire, vous savez bien?

-- Oui, après?

— Eh bien, je n'ai trouvé que de la poudre de
riz dans des boîtes énormes, du cold-cream de
Roberts, de la pommade de raisin, des eaux de
toilette, des boîtes de savon et de l'eau pour les
dents...

— Que voulais-tu donc?

— Mais des crayons pour les yeux, du blanc, du rouge... Ah ça, vous n'avez donc jamais rien vu?...

— Tu es très malhonnête, sais-tu?

— Pardon, marraine, c'est que nous nous réjouissions de faire nos figures avec des fards de bonne qualité; au couvent nous avons bien essayé, il y a une Viennoise qui avait un « *Baril de Vénus* ». Elle nous l'a prêté!...

— Qu'est-ce que c'est que ça, un *Baril de Vénus?*

— C'est un amour de petit tonneau; le blanc est d'un côté, le rouge de l'autre, et ça s'ouvre des deux bouts. On est bien plus jolie quand on s'arrange un peu. C'est comme une fausse poitrine, marraine, vous seriez bien mieux avec une fausse poitrine; pas le soir; en robe décolletée, vous en avez bien assez, mais en robe montante, il en faut plus qu'assez, ça vous donnerait bien plus de galbe...

— Je ne comprends pas où tu as su des mots de ce genre... Comment, dans un couvent, au fond de l'Autriche, ce langage-là peut-il pénétrer?

— Oh! marraine, il suffit d'une vraie Française!...

Après le dîner, ces dames restent sur la terrasse; la porte du billard est ouverte. Diane, Coryse et Pierrette vont, au bout de peu de temps, rejoindre les fumeurs; Diane et Coryse allument des ciga-

rettes qu'elles fument avec une désinvolture parfaite.
Pierrette ne fume pas, ça ne lui fait aucun plaisir,
dit-elle; alors à quoi bon? Il est évident que ces
jeunes filles ne font rien par pose. Tout chez elles
est instinctif et irraisonné. Toujours est-il que
Jacques et Henry les trouvent charmantes, et
qu'aussitôt que les vieux voisins sont partis, ce qui
ne tarde guère, ils proposent de danser. Mme de
Beaubourg, qui n'y voit aucun inconvénient, se
met au piano. Jacques s'élance vers Diane, tandis
qu'Henry s'empare de Pierrette, décidément sa
préférée. Coryse veut à toute force faire valser
M. de Beaubourg, qui s'y refuse, et elle va se rasseoir tristement, lorsque tout à coup elle prend son
élan, traverse le salon en deux glissades, et fond
sur l'abbé qui lit le *Correspondant* dans un coin
écarté.

— Allons, monsieur l'abbé, je suis sûre que vous
savez valser, vous êtes bâti pour ça !

— Mademoiselle, balbutie l'abbé éperdu, je ne...

— Si, si. Vous n'avez pas de buste, vous êtes
tout en jambes. Les gens fendus valsent toujours
à merveille.

Et elle le secoue par sa manche pour le faire se
lever.

Madame de Beaubourg intervient, et délivre
l'abbé, cramoisi.

Coryse réclame alors un quadrille. Pierrette le jouera à quatre mains avec sa tante, tandis qu'elle le dansera avec Diane.

Pierrette a choisi le quadrille d'*Orphée*. Le début est calme, mais bientôt la danse de Diane s'anime ; elle risque de petits coups de hanche, des balancements de jupes un peu plus accentués ; peu à peu elle se laisse aller et exécute un étourdissant « cavalier seul » que Jacques et Henry regardent, bouche béante. Un murmure d'étonnement fait tourner la tête à madame de Beaubourg, qui se lève précipitamment et arrête le quadrille. Elle commence à perdre un peu patience.

— Comment est-il possible que tu aies appris à danser ainsi ?

— Je n'ai pas appris, ma tante, je danse comme ça, d'instinct...

— Joli instinct !... Au moins, toi, Coryse, tu as dansé convenablement ?

— Oh ! moi, marraine, je ne « sens » pas bien le cancan ! C'est une danse trop... civilisée pour moi. Si vous voulez, je vais vous danser autre chose.

— Est-ce convenable, au moins ?

— Oh ! très convenable. Joue-moi l'air, Pierrette ; mais avez-vous un tambourin ?

— Non.

— Voici que le remplacera.

Et, saisissant le chapeau de M. de Beaubourg, elle se plante au milieu du salon, tandis que sa sœur joue un air monotone et bizarre. Les hôtes des Étangs assistent alors au plus étrange spectacle.

Tantôt Coryse danse ou plutôt marche lentement; tantôt elle tourne avec une prodigieuse rapidité en élevant le chapeau au-dessus de sa tête. Elle ondule, se replie, fait des bonds fantastiques et retombe sur le parquet glissant avec une adresse et une sûreté inouïes. Ses mouvements doux ont un charme pénétrant; ses mouvements vifs, une violence extrême; les hanches et la poitrine se dessinent nettement sous la robe qui plaque comme un drap mouillé; elle sourit d'un sourire singulier, presque cruel par instants, puis ses yeux se voilent et deviennent langoureux et troublants... Enfin, dans un dernier bond, elle vient tomber à genoux sur un coussin aux pieds de madame de Beaubourg.

— C'est au couvent que tu as appris cela ?

— Non. Je danse comme ça de naissance ! Au couvent nous essayions toujours des danses; il y avait des élèves de tous les pays; chacune dansait la sienne... moi, j'ai toujours dansé ce pas-là.....

— Tu veux dire ces bonds...

— C'est vrai; là-bas, on m'appelait la panthère. Moi, marraine, j'aimerais à charmer des serpents... et toi ? et vous, veux-je dire. Pardon, c'est que ça me gêne de dire « vous » à quelqu'un que j'aime...

Pendant ce temps, Diane et Pierrette ont disparu, Jacques aussi. Lorsqu'ils rentrent, Jacques semble un peu ému ; Diane a le visage en feu ; Pierrette rit. Ils ont tous trois de drôles de figures. Décidément madame de Beaubourg n'est pas tranquille.

— Qu'est-ce que vous avez donc, marraine? demande Coryse. Vous avez l'air tout chose. Voyons, riez, soyez gaie...

Madame de Beaubourg est de plus en plus soucieuse.

Enfin elle se décide à interroger Pierrette :

— Où donc étiez-vous tout à l'heure?

— Au fond du parc, ma tante.

— Qu'y faisiez-vous?

— Nous jouions à la cachette, ma tante.

— Ah ! bon. Pourquoi aviez-vous de si drôles de figures?

— Voilà, ma tante. Diane, qui pensait qu'elle courait mieux que M. Jacques, avait parié une discrétion qu'il ne l'attraperait pas.

— Et alors?

— Alors, ma tante, dit Diane qui s'approche tranquillement, il m'a attrapée et a voulu m'embrasser pour la discrétion ; je n'y voyais aucun mal...

— Ah !

— Non. Alors j'ai dit oui, et il m'a embrassée

sur le cou, là, dans les petits cheveux... et ça m'a
fait un effet auquel je ne m'attendais pas du tout...
Il me semble que je sens encore la place...

Vers minuit chacun monte se coucher. Au bout
d'une heure, madame de Beaubourg, qui ne peut
dormir, entend une porte s'ouvrir chez les petites de
Kersévor, puis des pas furtifs dans le corridor.
Enfin on gratte à une autre porte et on appelle :

— Monsieur Henry !... monsieur Henry !...

C'est la voix de Pierrette. madame de Beaubourg
effarée s'élance sur sa porte qu'elle entr'ouvre.

Pierrette est debout dans le corridor, elle n'a
absolument que sa chemise et de petites mules
turques retroussées du bout. Elle tient un bougeoir
et gratte un peu plus fort.

— Monsieur Henry ! monsieur Henry !

— Qui m'appelle ?

— C'est moi, Pierrette.

Madame de Beaubourg a un léger battement de
cœur.

— Je vais ouvrir; attendez, mademoiselle.

Madame de Beaubourg fait un mouvement pour
se précipiter, mais Pierrette reprend de sa petite
voix flûtée :

— Non, n'ouvrez pas, je suis en chemise; pas-
sez-moi seulement un tire-bouchon si vous en avez

un. Nous avons une bouteille d'eau de Cologne
que nous voulons ouvrir et nous ne pouvons pas.
Oh! ce n'est pas pour nous parfumer... c'est parce
que Diane a été piquée par un moustique et qu'elle
a une grosse cloche... Elle voulait aller éveiller ma
tante, mais j'ai pensé qu'il valait mieux vous
éveiller, vous !...

— Voici le tire-bouchon, mademoiselle.

— Attendez ; c'est moi qui vais passer la main
pour que vous n'ouvriez pas... Merci, monsieur...
Merci, vous êtes bien gentil de ne pas avoir grogné,
moi je grogne quand on m'éveille... Pardon...
Bonsoir...

LE LENDEMAIN MATIN

AU MARQUIS DE KERSÉVER, CHATEAU DE KERSÉVER (MORBIHAN)

« Mon cher Guy, je ne suis pas capable de diri-
ger tes filles. Je deviendrais folle si elles restaient
ici. Elles sont adorables, mais précisément pour
cette raison, je ne vis pas depuis leur arrivée. Viens
les chercher tout de suite.

« Amitiés.

« CORYSE. »

BAL COSTUMÉ

I

AVANT

Le beau FRYLFUSE, s'habillant lentement.

— Il va me gêner atrocement ce costume!...
c'est difficile comme tout à rouler cette ceinture,
pour que ce soit gracieux... là! Maintenant, il
faut passer le yatagan, pour voir si elle n'est pas
trop serrée. Euh! euh! il me semble que ça appuie
terriblement. (*Il se plie.*) Positivement c'est un
supplice... et impossible de m'en passer... ça complète... Je vais le mettre pour faire mon entrée, ensuite je le laisserai dans un coin... C'est que elle
m'a dit: « Je n'aime que les costumes orientaux! »
et j'ai compris ce que cela voulait dire. Évidemment elle a choisi ce genre-là pour elle, et j'ai quelque chance d'être son cavalier. Pourvu que Jacques soit encore à Berlin surtout! Il sans ça, tout est

à recommencer!... Ah! il est de fait qu'il y tient...
depuis sept ans que ça dure... Comment! sept ans?
mais bien plus! en 1872 ça était déjà et ça avait
commencé à la mission de Jacques... Ah çà, mais
ils sont scellés!... quel âge peut-elle bien avoir?...
Voyons, elle a une fille mariée... et six autres enfants!... Diable!!! Espagnole... née dans les pays
chauds, et tant d'enfants que ça!!! Je crains une
déception!... Bah! ce qu'on voit est si admirablement beau, excepté l'oreille pourtant! Oh! ça! l'o-
reille est ignoble... longue, plate du haut, épaisse
du bout et d'un blanc jaune... Enfin, on ne peut
pas tout avoir, et le reste est si parfait, ces cheveux
noirs, épais, plaqués... Je n'ai jamais vu de cheveux
pareils... excepté à Montaland qui a absolument
les mêmes!... D'abord, j'avais pensé à me mettre
en Turc... C'est beau, un beau Turc... mais c'est
bien usé; j'ai la figure assez régulière, les cheveux
noirs et brillants; je suis mince, je me suis décidé
pour le costume grec... seulement ça n'a pas l'air
commode à porter, le costume grec... Depuis un
mois je laisse pousser mes cheveux... cela fait mieux,
des cheveux un peu longs sous la petite calotte...
mais il n'en est pas de même dans la vie ordinaire,
et je commençais à avoir l'air d'un ténor sans en-
gagement... Je vais perdre mes babouches, elles ne
tiennent qu'à un fil... on n'a pas l'air chaussé avec

ça... je le remarque maintenant surtout parce que
mon valet de chambre m'a dit en me les apportant :
« il y a une des perles de la « savate » de Monsieur le comte qui va se détacher... » La « savate »!!
c'est qu'il a raison !... Enfin, pourvu que madame
de Vyelgarde soit de bonne humeur, que Jacques
ne soit pas revenu, et qu'elle me trouve à mon
avantage... physiquement, s'entend... car je crois
que le moral doit lui être de peu, à cette superbe
femme! J'aurais peut-être mieux fait de mettre tout
bonnement mon habit rouge... Bah! c'est fini
maintenant, et elle ne pourra pas se dispenser de...
me remercier du costume oriental...

La toujours belle MADAME DE VYELGARDE.
Elle est devant une grande Psyché Empire à appliques de
     cuivre et attache ses derniers bijoux. Costume d' « Hi-
     ver. »

— Pourvu que Jacques ne soit pas arrivé ! Dans
son télégramme il me dit : « Je pars... » Voyons,
peut-il être de retour? (*Elle compte.*) Mardi, mercredi... oui, il est peut-être là... Oh! non. Il serait arrivé par le train de cinq heures, et en passant il serait entré... Je crains qu'il se doute de
quelque chose... Il m'aime tant !... Ça le tuerait un
soupçon pareil !... Ah! j'ai bien su le conquérir et
le garder surtout... Les autres n'ont pas su le prendre. Il faut lui passer ses nombreuses infidélités...
et elles sont très nombreuses, il n'y a pas à dire;

mais après chacune il revient honteux, repentant et
plus charmant encore!... J'espère que ce costume
d'hiver n'aura pas de pendant masculin... ça fait
qu'au moins comme ça... je choisirai qui bon me
semblera pour le défilé, sans m'inquiéter de « for-
mer un couple ». Je ne connais rien de bête comme
de forcer des gens qui se déplaisent à circuler un
instant ensemble, sous prétexte que c'est un joli
coup d'œil! Le baron me fait la cour... une cour
pressante, et dame!... Hier Monluchon a dit devant
moi qu'il avait un crédit de soixante millions...
C'est beau ça!... Sa femme est drôlette... elle est
laide, mais drôlette... elle doit savoir que son mari
s'occupe de moi... parce que, à l'Opéra, j'ai vu
qu'elle me regardait avec une attention singulière...
Il n'est pas beau le baron! Oh! non, mais c'est un
homme sérieux... et il n'y a encore que ça... Pauvre
Jacques!... s'il se doutait!... Et tous les autres
donc?... C'est qu'il y en a avec lesquels je suis allée
très loin... Pourvu qu'ils ne jacassent pas ceux-là...
On dit que le baron tient à la vertu; c'est vrai;
jusqu'ici, paraît-il, il a pu, en y mettant le prix, se
procurer tout, excepté cela... Il va bien, mon costume... et je puis encore promener longtemps ma
beauté... elle est de celles qui résistent... car pour
être vraie, il faut avouer que sa solidité a été souvent mise à l'épreuve.

LE BARON DE PONDOR, très affairé, s'introduisant péniblement dans un maillot de soie rouge.

— Lui plaira-t-il, ce costume? quand je lui ai demandé ce qu'elle préférait, elle m'a répondu: « J'ai horreur de la banalité, j'aimerais un costume inconnu, quelque chose de neuf, enfin ! » et depuis le temps... je cherche... Je crois, du reste, avoir réussi !... ce costume du xv⁰ siècle me semble assez trouvé : toque de loutre à rigole, garnie de vair; surcot de damas bleu de roy tissé d'argent, brodé d'écussons sur la poitrine et dans le dos, et garni de vair, et maillot rouge. Mais l'imprévu, le bizarre du costume consiste dans la chaussure ; le pied droit est chaussé d'une espèce de bottine de daim gris qui monte à mi-jambe, et le gauche d'un soulier à la poulaine, couvert de broderies. Il représente René II, un duc de Lorraine qui est toujours habillé ainsi dans tous les portraits et les tapisseries du temps... Voyons, que je relise encore ce qu'était ce bonhomme-là, afin que je puisse le dire si on me le demande... (*Il prend un gros livre ouvert sur la table, à une place marquée par un couteau à papier, et lit en ânonnant :*) « René II, duc de Lorraine, né en 1451, mort en 1508, était fils de Ferry II, comte de Vaudemont, et d'Yolande d'Anjou, fille de René Iᵉʳ. Il devint en 1473 duc

de Lorraine, des droits de sa mère. Charles le Téméraire, duc de Bourgogne, contesta ses droits, en-
vahit la Lorraine, le chassa de Nancy et le força à
se réfugier en Suisse, mais après les défaites de
Charles à Granson et à Morat, René revint l'attaquer en Lorraine et lui livra devant Nancy le
combat où ce prince fut tué (1477). A la mort de
Charles du Maine, René réclama la Provence,
et... » — Sapristi! c'est ça qui aurait été chic!
gouverner la Lorraine et la Provence... et dans le
temps où il n'y avait pas encore de chemins de fer!
Enfin, ça ne me regarde pas, et pourvu que je me
rappelle de ça !... Je crois qu'elle commence à s'attendrir madame de Vyelgarde... Il faut absolument
que je réussisse... Elle est, ou a été la maîtresse de
tous les diplomates de toutes les puissances; elle
pourra me donner un tas de renseignements utiles
pour la Bourse... et là, vraiment ce sera très agréable de se les procurer de cette façon... les renseignements... J'espère que le petit Jacques ne va pas se
jeter dans mes jambes... Il n'est pas de retour, je
crois, et puis, il me semble qu'on m'a dit qu'il
était occupé ailleurs en ce moment... Saperlotte!
que c'est court, ce surcot! ça n'est pas si long qu'un
gilet de flanelle!... Est-ce que je vais être assez habillé, moi? Oh! oui, c'est un costume historique,
ainsi!... voilà un costume qui revient à 1,750 fr. ;

ch bien, là, on ne le dirait pas... Bouillet ne parle
pas de cette particularité de la bottine et de la pan-
toufle !... mais le costumier m'a pourtant bien as-
suré que c'est extrêmement connu !...

LA BARONNE DE PONDOR, posant un chapeau d'arlequine en
feutre gris sur ses cheveux blonds.

— Là ! Eh bien, vrai, je suis très gentille comme
cela, et j'en suis bien contente, parce que j'ai un
mot de Jacques ; il est revenu, il sera là ce soir, et
dame, je tiens à ce qu'il me trouve jolie... C'est une
succession difficile que je vais recueillir ! J'aurai à
lutter contre des souvenirs terribles, s'il faut en
croire les initiés... Je n'aurais jamais pensé que
mes yeux frisés et mon petit nez retroussé et laid,
— car il est laid, il n'y a pas à dire, — pourraient
plaire autant que les yeux en amande et le nez
grec de madame de Vyelgarde ! de « la toujours belle
madame de Vyelgarde, » comme disent les comptes-
rendus mondains. Il est vrai que ces mêmes comp-
tes-rendus parlent quelquefois de « la jolie petite
baronne » sans ajouter le mot « toujours », ce qui
est bien quelque chose... Que c'est bizarre la vie !...
Mon mari, s'il savait... aurait dans huit jours pour
rien ce qui va lui coûter aujourd'hui les yeux de
la tête... C'est qu'il y tient... Il veut absolument

souffler à Jacques ce superbe objet de luxe, non pas, je crois, qu'il en ait grande envie pour... la chose en elle-même, mais parce que c'est très cher !

Pauvre homme !... En quoi peut-il bien se costumer? Il m'a dit que c'était une surprise.., Depuis huit heures il est enfermé dans son appartement et on ne l'entend pas grogner comme à l'ordinaire... C'est inouï! lui qui d'habitude est toujours prêt à dix heures et demie et fait les cent pas dans le salon pour bien me faire sentir que je suis en retard... Il est minuit et demi et il n'est pas sorti de son laboratoire !... Pourvu, mon Dieu, qu'il ne soit pas plus grotesque qu'à l'ordinaire !... Ce serait trop !... Il est drôle, mon chapeau, il me va bien !... Quel dommage qu'on ne puisse pas avoir dix ans de plus, à cause de l'expérience, et rester aussi fraîche !...

MADEMOISELLE DE FLIRT, passant un maillot de soie couleur chair.

— Ça va être extrêmement chaud ce maillot... Mais ça ira mieux que des bas, cela tiendra davantage sur le genou, et si on voit un peu haut... Je ne serais pas du tout fâchée que l'on vit un peu haut... J'ai des jambes... oh ! mais des jambes !! je ne pense pas que ce soir, il y en ait beaucoup de paires tournées comme ça... Oh! non !... C'est désolant d'avoir aussi joli ce qu'on ne peut pas montrer...

ostensiblement!... les femmes ont de la chance !
Au moins il y a toujours dans le salon un nombre
plus ou moins étendu de gens qui savent à quoi
s'en tenir là-dessus... Ah ! quel ennui de n'être pas
encore mariée!... non pas que... Oh! c'est pas ça
du tout... Non... mais c'est pour être libre!... Ce
n'est pas que je sois tenue. Papa est très bon, il est
même très large, papa !... Mais enfin ce n'est pas la
même chose qu'un mari, qu'on peut balancer à son
aise... Est-ce qu'il aurait raison, papa, lorsqu'il dit
que je n'ai pas pris le chemin le plus direct pour
aller à la mairie?... Que c'est bête tout ça, en y réfléchissant ! quand une jeune fille fait une sottise,
elle peut la réparer en se mariant, tandis que quand
une femme mariée se conduit mal, le... dommage
est irréparable... et pourtant on ne se marie que
pour ça... C'est très difficile à comprendre!... Mon
costume d' « hirondelle » est ravissant... M. de
Fryleuse, qui disait qu'il fallait que ce fût absolument déshabillé pour être joli... il verra... D'abord,
rien n'est plus facile que de ne pas avoir l'air habillée, tout en l'étant... Ce serait un mari très pré-
sentable que M. de Fryleuse... Oui, mais il n'y
faut pas songer... pour le moment... il est féru de
madame de Vyelgarde... Elle a bientôt fini de bat-
tre son plein, celle-là, il y a assez longtemps que ça
dure... Place aux jeunes ! .

II

PENDANT

JACQUES, en habit rouge, culotte et bas de soie noirs.
MADAME DE VYELGARDE.
(Ils causent debout à l'entrée de la serre.)

— Ça n'a pas l'air de vous faire plaisir de me
revoir ?...

— Parce que...? Fallait-il vous embrasser?

— Non, mais sans m'embrasser...

— C'est laid, vos habits rouges, on a l'air de domestiques...

— C'est possible, mais on est certain de n'être
pas ridicule...

— Trouvez-vous mon costume joli?

— Est-ce la vérité ou un compliment que vous
voulez?

— Mais, les deux, je pense.

— Alors, je me tais.

— Ah ! vous n'êtes pas de bonne humeur, ce
soir? Que reprochez-vous à mon costume ?

— D'être trop... avancé.., Il faut avoir dix-huit ans pour oser dire : « Je suis l'hiver. »

— Et je n'ai plus dix-huit ans ? Est-ce là ce que vous voulez dire ?...

— Dame ! . . . .

. . . .

LE BARON DE PONDOR, très ennuyé, dans une embrasure de fenêtre...

— Il est là, l'animal !... Revenir de Berlin pour un bal, il faut, ma parole, être enragé... Je n'ai pas encore pu m'approcher d'elle... Et mon costume m'assomme... Depuis une heure que je suis là, soixante personnes au moins m'ont demandé pourquoi j'ai une botte à un pied et un soulier à l'autre... Tas de crétins, va !... Avec cela, elle me fait mal, cette satanée botte... on m'avait dit que le daim était très doux... ah bien, ouiche !... quand il est vivant, je ne dis pas, mais travaillé, c'est autre chose... c'est à crier par moments... Ah ! Jacques qui s'en va !... ils ont l'air fâchés !... je crois que c'est l'instant de me précipiter aussi vite que me le permet cette damnée chaussure...

RÉFLEXIONS ET MENUS PROPOS DE DIVERS

— Elle est ravissante ce soir, la petite baronne, en Arlequine...

— Euh ! euh !...

— Pourquoi euh ! euh ! vous ne la trouvez pas jolie ?

— Peuh ! ces petites blondes délicates, moi, vous savez, j'aime mieux que ça soit plus... résistant... Parlez-moi de madame de Vyelgarde, à la bonne heure !...

— Cependant, si vous aimez la résistance ?...

— Il y a une chose qui me séduit toujours, moi... (*Il parle bas à l'oreille de son voisin*).

— Avez-vous remarqué la quantité de Grecs, de Turcs, de Persans ?

— C'est toujours ainsi, les gens sans imagination se rabattent sur les costumes nationaux...

— Oui, mais, dans ce cas, on voit des Écossais, des Suédois, des Italiens, des Russes.

— Oh ! des Russes, dans ce moment-ci, ça n'éveille pas une idée assez gaie...

— Enfin on rencontre un peu de tous les peuples, tandis qu'à ce bal, l'Orient semble s'être donné rendez-vous en excluant les autres contrées.

— C'est un peu vrai.

— Le costume de madame de Vyelgarde est très réussi...

— Seulement, avouez qu'il n'est pas symbolique...

— Il est de fait que ces nombreux glaçons, si l'on croit les racontars...

— Taisez-vous donc, le mari est derrière vous.

— Le mari !!! Comment ! elle a un mari ? vous êtes sûr ???

— Parfaitement sûr.

— Bah ! où se terre-t-il donc celui-là ? Je ne soupçonnais pas son existence...

— Oh ! c'est une existence si inutile...

— En voilà un qui doit vivre à côté !...

— Je ne sais pas où il vit ; il est, je crois, consul ou ministre de quelque chose, quelque part...

— Bah ! un diplomate ! alors, c'est déjà dans la diplomatie qu'elle a fait ses premières armes... légitimes ?...

— Je ne ne vous dirai pas, cependant c'est à présumer...

— Pourquoi ? est-ce qu'il était très beau ?

— Non, mais elle avait quatorze ans...

— Oh ! dans les pays chauds, ça ne dit rien...

— Ce malheureux Pondor est-il assez grotesque, hein ?

— Ah ! on ne peut pas se changer, même à prix d'or...

— Heureusement pour les autres !...

— Cette perruque filasse est d'un effet désastreux !...

— Cet « Isolier » de cinquante ans n'est pas trouvé !

— Pourquoi est-il chaussé comme ça ?

— Il paraît que c'est historique...

— Qu'est-ce que cela représente ?

— Je ne sais plus trop, il me l'a pourtant dit... je crois que c'est la mort de Charles le Téméraire à la bataille de Nancy...

— Comment ! la mort de Charles le Téméraire ?

— Oh ! vous savez, je n'en suis pas autrement sûr...

— La petite de Flirt est un peu...

— Oui, elle n'est pas très...

— Enfin, elle n'a pas de secrets pour personne !

— Ma foi, c'est pas moi qui m'en plaindrai.

— Sans doute, mais si c'était ma fille, je lui donnerais le fouet.

— Jusqu'à Fryleuse qui est en Grec ! lui qui a du goût généralement...

AU BUFFET

Fryleuse, un Turc et un autre Grec.

— Pourquoi diable, vous qui deviez venir en habit rouge, avez-vous changé d'avis ?

— Parce que quelqu'un, devant qui je désire trouver grâce, n'aime que les costumes orientaux !

Fryleuse et le turc. — Bah ! ! ! (*Tous trois se regardent avec défiance.*)

Le baron de Ponnor, madame de Vyelgarde, toujours dans la serre.

— Vous êtes si belle dans ce costume neigeux, que je deviens fou en vous contemplant.

— Dites-moi donc pourquoi vous avez une botte à un pied et un soulier à l'autre ?

— Le baron, *étonné.* —Oh ! ! ! Vous aussi ! parce que c'est historique. Ce costume représente René II, un duc de Lorraine né en 1451, mort en 1508, fils de Ferry...

— Je sais, je sais...

— Comment, elle le sait ?... Mais tout le monde le sait donc, alors ? Déjà plusieurs personnes auxquelles j'ai voulu expliquer mon costume m'ont dit : « Je sais. » C'est très bizarre, la quantité de savants que renferme ce bal !... Moi, je ne savais pas ça, je ne l'aurais même jamais su si je n'avais eu l'idée d'avoir un costume pas banal... (*Haut*). Allez-vous aller en Russie ces jours-ci, belle madame ?

— En Russie ?... Pourquoi faire ?

— Mais je ne sais pas, moi... pour offrir une couronne de violettes... ou d'autre chose...

— Mais je ne suis pas Russe, et...

— Ça ne fait rien... on y va tout de même... on retrouve de vieux amis... on rapporte des nouvelles.

LA BARONNE DE PONNON ET JACQUES, dans le boudoir.

— Alors c'est convenu, demain à trois heures, rue de Sèze, deux maisons plus haut que les Aquarellistes ?

— Mais il y a tant de monde à cette place !...

— Justement, c'est exprès pour que ça n'ait pas l'air...

III

APRÈS

LE BARON ET LA BARONNE, en coupé.

LE BARON. — Je lui ai porté un coup droit... Je ne sais pas si elle a compris,.. Pourvu que ce petit serin de Jacques trouve à s'occuper sérieusement ailleurs !,.. Dieu d'Israël, ne me refuse pas ça !

LA BARONNE. — Je suis vraiment heureuse... tout comme si je n'allais pas commettre une mauvaise action... mais, est-ce bien une mauvaise action ?

FRYLEUSE, dans un fiacre qui ne marche pas.

— Mais, sapristi, marchez donc, cocher !... Je tombe de sommeil. J'étais grotesque en Grec... et nous étions quarante! Comme les académiciens, et encore plus embêtants qu'eux ! C'est égal, quarante à qui elle a dit qu'elle aimait le costume oriental ! c'est raide ! Je serais curieux de savoir à combien elle le prouvera...

19.

LA PETITE DE FLIRT, en coupé avec son vénérable père.

— Rien encore, ou du moins rien de sérieux...
car pour le reste, ça va toujours ! Décidément, papa
a peut-être raison, je n'ai pas pris le chemin le plus
sûr, et j'ai vingt-quatre ans, il est temps de rebrous-
ser... Papa, je vais suivre ton conseil. Dis donc,
papa !... Ah bien, oui, il dort comme un sabot !...

UN GRAND AMOUR

I

Ginette était depuis deux jours à la campagne, lorsqu'elle reçut cette lettre :

MADAME LA MARQUISE DE KERFLEURY,
CHATEAU DE KERFLEURY

A Paris, madame, vous m'avez si brusquement repoussé, que je n'ai plus osé vous parler de ma bien sincère affection.

Depuis plus d'un an, je vous supplie de m'entendre, vous me répondez en riant, et je suis, moi, très malheureux !

Je vous aime tant, si vous saviez ! Et je suis sûr que vous ne me croyez pas. Eh ! sans doute, au début ce n'était pas sérieux, mais en voulant vous prendre, je me suis pris. J'ai pensé, d'après vos allures, que le siège ne serait ni difficile ni long ; oui, tout cela est vrai, et je vous en demande pardon. J'ai reconnu

bien vite que je m'étais trompé, et je m'attache à
vous d'autant plus que je vous sens m'échapper. Je
suis à vous, tout à vous, sans même rien espérer,
et je ferais n'importe quoi pour votre bonheur.
Souvenez-vous bien, madame, que, aujourd'hui et
toujours, un signe de vous m'amènera à vos pieds,
et que tout entière, ma vie vous appartient. Ne
croyez pas que j'éprouve un caprice passager ; dans
un an ou dans dix ans, mes sentiments seront les
mêmes, et je souhaite ardemment que vous consen-
tiez à en faire l'épreuve.

Pardonnez-moi de vous avoir ennuyée si longtemps et parlons d'autre chose.

Me permettez-vous d'aller vous voir au moment
des courses de D... ? Si vous saviez comme on s'a-
muse peu à C...! Et puis j'ai une étonnante envie
de vous voir, et surtout de vous voir « à la campagne ». Vous devez être drôle à la campagne? Je
ne me représente pas du tout la marquise que je
connais, trottinant dans les champs sur des talons
Louis XV.

Qu'est-ce que vous pouvez bien y faire, au fond
de votre Bretagne, à quoi pouvez-vous penser? Ah !
si l'ennui vous rendait plus accessible à... Mais non,
il est convenu que nous ne parlons plus de cela.

Madame, j'attends un petit mot de vous. Il me
dira de venir, n'est-ce pas ?

Je vous baise les mains en vous suppliant de me croire votre plus respectueux et affectionné.

HUBERT.

II

MONSIEUR LE VICOMTE DE JOYEUSE,
OFFICIER DE DRAGONS

Venez à Kerfleury tant que vous voudrez ; vous y serez le très bien venu, et j'espère que vous ne vous y ennuierez pas trop. La mer est à un kilomètre de nous.

On y va sans sortir du parc. Il y a une petite plage assez mouvementée sur laquelle on peut passer deux heures quand on n'a pas mieux à faire.

Je ne sais pourquoi vous vous imaginez que j'ai, à la campagne, la physionomie d'un serin perdu aux Champs-Élysées : je vous assure que je m'y trouve, au contraire, à merveille. Là, je fais ce que je veux (ou à peu près) et la liberté de mes allures, qui à Paris choque tant de gens, paraît ici chose toute simple.

Donc, nous vous attendons. Je ne mets à votre venue qu'une condition, c'est que vous serez *sage* ; sinon, nous ne serons plus bons amis. Là, fran-

chement, les roucoulades continuelles m'assom-
ment, je trouve qu'on ne doit ébaucher que ce qu'on
a l'intention de finir, et je vous affirme que je n'ai
pas du tout cette intention-là. Comprenez, je vous
en prie, que vous perdez votre temps, et que je
serai pour vous une non-valeur à perpétuité.

Sur ce, je vous serre la main.

GINETTE.

III

Que je vous remercie de votre toute gracieuse
hospitalité.

Vous avez fait sur moi une impression plus profonde encore à Kerfleury qu'à Paris. Vous êtes si
gentille, si fine, au milieu de vos grosses pierres,
de vos grandes bruyères et vos paysans à longs
cheveux qui vous appellent *la marquise Ginette.*

Par exemple! les voisins, tous ces athlètes avec
lesquels vous avez été élevée, et que vous appelez
presque tous par leurs noms ridicules, me crispent
au suprême degré! Job, Jéhan, Tanneguy, ont le
don de mettre mes nerfs à la torture. Ils ne vous
quittent pas; déjeuners dans la lande, comédie,
dîners, et les drags! donc? et les promenades à
cheval? On sait bien ce qu'est le cheval dans ce

cas-là : un prétexte pour tous ces imbéciles de vous suivre d'une façon naturelle. Ah! il a bon dos le cheval! Encore une fois, merci de m'avoir permis d'approcher de vous. Laissez-moi vous répéter que je suis bien malheureux, mais, à vous tout entier et pour toujours.

HUBERT.

Rappelez-moi au souvenir de la petite voisine blonde, un vrai petit bijou, surtout si elle parlait moins du boulevard.

IV

Je vous en prie, soyez moins lugubre, je n'ai aucun plaisir à penser que vous êtes malheureux, mais je n'ai pas non plus la moindre envie de faire cesser ce *malheur*; je trouve le mot un peu bien gros.

J'ai fait votre commission à ma blonde voisine, qui est ravie de l'impression produite. Pour elle, un monsieur qui est du Jockey et habite Paris six mois de l'année, n'est pas un homme, c'est un dieu.

Je vous serre affectueusement la main.

GINETTE.

V

Est-ce qu'il est vrai que vous passez l'hiver en Bretagne? On me le dit et je ne puis le croire.

Rassurez-moi bien vite, car je suis très, très malheureux.

HUBERT.

VI

Il est très vrai que je passe l'hiver en Bretagne. Nous avons des travaux à terminer à Kerfleury.

Vous vous inquiétez vraiment beaucoup de ce que je fais ! Pourquoi donc pas une dépêche pour me questionner sur mes projets?

Je suis une très sauvage personne, qui n'aime pas que l'on s'occupe trop de sa vie.

Affectueux souvenirs.

GINETTE.

VII

MADAME LA MARQUISE DE KERFLEURY,
VILLA DES GLYCINES

Chère madame, avez-vous jamais remarqué l'effet que produit un rayon de soleil perçant tout à coup par un temps sombre? La nature était terne, les teintes tristes et noires, et, comme par enchantement, tout devient gai et rose! C'est, après un sommeil pesant, l'aurore d'un beau jour.

Cette bouffée poétique (la trouvez-vous poétique?) m'est inspirée par votre lettre; il y a si longtemps que je n'avais vu votre écriture, si longtemps que je désespérais de recevoir un mot de vous, que quand j'ai aperçu le chiffre tant aimé « Ginette », j'ai sauté de joie et entrevu un coin du ciel bleu. C'est que, permettez-moi de vous faire encore cet aveu (bien naïf après vos rigueurs), je vous aime si vraiment, j'ai tant de plaisir à vous voir et à recevoir de vos nouvelles, que vous ne pouvez croire combien j'étais triste de votre silence. Je ne pouvais deviner ce qui en était cause, et quand, l'autre jour, vous m'avez dit que j'étais un imbécile et que vous étiez toujours une amie pour moi, je ne puis vous dire quelle a été ma joie. Vous voyez que vous auriez tort de m'oublier *tout à fait*; je suis un ami plus fidèle que vous ne le pensez.

Vous me faites espérer que vous passerez quelques jours à Paris; il faudrait de bien gros généraux et des manœuvres bien compliquées pour m'empêcher d'aller vous y voir.

Vous devez vraiment vous ennuyer toute seule à Arcachon? Quel dommage que vous n'ayez pas

voulu que je vinsse vous tenir compagnie, je vous
aurais fait de bonnes lectures, et raconté des histoires de revenants. — Cependant vous dansez,
— et j'envie le bonheur de ceux qui valsent avec
vous.

Je viens d'aller passer quelques jours à la chasse ;
c'est un plaisir que j'apprécie de moins en moins à
l'ouverture. Il faut se donner trop de mal, et je
n'aime plus à me donner du mal, excepté pour vos
beaux yeux, si vous le vouliez.

Ne cessez jamais, chère madame, de me croire à
vous toujours.

HUBERT.

VIII

En recevant cette lettre Ginette resta songeuse.
Elle s'ennuyait fort à Arcachon, et commençait
sans s'en bien rendre compte, à aspirer à quelque
chose d'indéfini.

Peu à peu ce quelque chose prit la physionomie
d'Hubert, vaguement d'abord, nettement ensuite.

Voilà, pensa-t-elle, un brave garçon, gentil, gai,
pas bête, et très bon, qui depuis longtemps ne cesse
de me répéter qu'il m'aime, sans se rebuter, sans se
décourager de rien.

Je l'ai revu l'autre jour et je l'ai trouvé mieux qu'autrefois, il est plus mince, plus...

Je voudrais pourtant bien savoir si c'est vrai, si c'est sérieux, toutes ces protestations ?... Pourquoi m'aimerait-il tant que ça ?

Et d'un autre côté, s'il ne m'aimait pas, pourquoi mettrait-il ce singulier acharnement à vouloir me convaincre ?... Ah ! c'est agaçant d'être, ou du moins de se croire aimée de quelqu'un qu'on n'aime pas... Ah ! mais, là pas du tout ! Je donnerais je ne sais quoi pour savoir que c'est « un grand amour... »
Et Ginette écrivit :

Arcachon, 29 septembre.

Venez me voir, je m'ennuie, et je suis affreusement triste. C'est le moment ou jamais de chercher à me persuader que vous m'aimez vraiment.

GINETTE.

MADAME LA MARQUISE DE KERFLEURY,
VILLA DES GLYCINES

N° 615. Mots 10. Dépôt le 30 septembre, à 10 h. 10 m. du matin.

Gros généraux arrivés pour inspection. Impossible partir, respectueux regrets.

HUBERT.

Et elle ne l'a jamais revu.

PIQUE-NIQUE

Tout le long de la route, les voitures amenant les convives se suivent, s'attendent ou se dépassent, et filent plus ou moins vite vers le carrefour, selon l'humeur et les chevaux de chacun.

I.

Mail tout noir. — Attelage noir et gris en damier. — LE MARQUIS conduit. — Près de lui :

SA NIÈCE BÉRENGÈRE (nouvelle mariée). — Dix-sept ans. Extrêmement jolie.

LA MARQUISE.

LE MARI DE LA COMTESSE BÉRENGÈRE. — Tout jeune aussi ; très joli garçon.

LE SOUS-PRÉFET (pas gommeux).

LE PETIT DUC.

UN DÉPUTÉ (gauche). — Jeune, gentil, très drôle, mal élevé et pas élégant du tout.

Partis les premiers, ils sont encore seuls sur la route.

LA MARQUISE. — C'est incroyable ! On ne voit pas une seule voiture.

LE PETIT DUC. — Il n'y a pourtant pas d'autre route que celle-ci, pour aller au Pas-de-Géant !

LA MARQUISE. — Ils ne viendront peut-être pas !

LE MARQUIS. — Quarante ou cinquante personnes ne manquent pas ainsi sans prévenir.

LE PETIT DUC. — Ils sont si bien élevés par ici !

On entend le galop de plusieurs chevaux ; un groupe d'officiers et de jeunes gens débouche d'une allée.

LA MARQUISE. — Ah ! voilà quelqu'un ! (*Aux jeunes gens qui s'approchent.*) Est-ce que nous sommes en retard ?

UN OFFICIER. — Au contraire. Nous arrivons du rendez-vous, et il n'y a personne !

UN JEUNE HOMME DE LA VILLE. — Que les domestiques et la table !...

LA COMTESSE BÉRANGÈRE. — Comment la table ! Nous déjeunons sur une table ?

LE MARQUIS. — Et sur quoi croyais-tu donc déjeuner ?

LA COMTESSE. — Mais sur l'herbe ! Sans cela, ce n'est pas amusant ! Ma tante m'a écrit : « Arrive, jeudi, on va déjeuner sur l'herbe. » Est-ce vrai ?

LA MARQUISE. — C'est vrai, je t'ai écrit cela ; mais sois tranquille, la table n'empêche pas la gaieté.

LE PETIT DUC. — Non, ce sont les convives qui l'éloignent, la gaieté !

LA COMTESSE. — Ils sont tristes ?

LE DÉPUTÉ. — Non, mais ennuyeux ! Oh !!! Vous allez voir ça !

LE SOUS-PRÉFET, *riant.* — Décidément, vous ne les aimez pas ?

LE DÉPUTÉ. — Ce sont eux surtout qui ne m'aiment pas.

LA MARQUISE. — Je ne sais pas pourquoi vous vous imaginez toujours ça !

LE MARQUIS. — Voyons, il est inutile de chercher à lui persuader qu'on l'aime, il n'est pas assez bête pour le croire ! Et puis d'abord, il s'en moque pas mal, ainsi...

LE DÉPUTÉ. — Comment? Mais pas du tout, je voudrais qu'on m'aimât, moi !

UN DES JEUNES GENS. — Je crois apercevoir des voitures au bas de la côte !

LA MARQUISE. — Tous ceux qui sont annoncés viendront-ils ?

LE JEUNE HOMME DE LA VILLE. — Sans doute, j'ai vu hier presque toutes ces dames, et elles étaient pleines d'entrain.

LE SOUS-PRÉFET. — Ah bah ! Ça, c'est une rareté !

UN DES OFFICIERS, *à demi-voix, à la marquise.*
— Il y a le général de Génycourt qui ne vient pas.

LA MARQUISE. — Ah ! pourquoi donc ?

L'OFFICIER. — Parce que vous avez voulu emmener... (*Il désigne le député du coin de l'œil.*)

LE DÉPUTÉ, *qui a vu le mouvement.* — Voyez-vous
ce dont je suis cause ! Vraiment, madame, je suis
désolé que...

LE MARQUIS. — Eh bien, qu'est-ce que vous voulez que ça fasse à ma femme que le général ne
vienne pas ? Et à vous, qu'est-ce que ça vous fait ?
Et à nous tous donc ??

LE DÉPUTÉ. — Ça m'est en effet parfaitement
égal, dans le fond, que le vieux guerrier manque
à l'appel ; seulement il m'est très désagréable
de penser que c'est ma présence qui... Mais,
au fait, je ne lui ai jamais rien fait, moi, au général !

LE PETIT DUC, *blaguant.* — Vous personnelle-
ment, non. Mais vos principes !! Horreur !!!

LE DÉPUTÉ. — Comment ! mais je n'en parle
jamais, de mes principes ?

LE MARQUIS. — Le fait est que vos opinions ne
gênent personne !

LE SOUS-PRÉFET. — Pas même lui !

LE DÉPUTÉ, *riant.* — Eh bien, je vous trouve bien
irrévérencieux, monsieur le sous-préfet !

LE SOUS-PRÉFET. — Est-ce qu'on peut vous prendre
au sérieux, monsieur le député ? Non, vrai ! quand

je vous regarde, je crois toujours que vos électeurs ont voulu vous faire une farce.

LA MARQUISE. — Des voitures !! Voilà des voitures !!!

LA COMTESSE BÉRANGÈRE. — Ça va m'amuser, de voir tout le monde ? Ma tante, mon oncle, dites-moi qui ? Oh ! les voilà qui passent, mais dites-moi donc qui ?

LE MARQUIS. — Ah ! mais dis donc, tu les regardes comme si c'étaient des singes ! Ne fais pas ça ! D'abord je te préviens qu'il y a parmi toutes ces figures, qui, au premier abord, te semblent bizarres, des gens charmants et agréables à rencontrer partout.

LA COMTESSE. — Mais, je ne les trouve pas extraordinaires, mon oncle ; j'ai envie de savoir qui c'est, voilà tout ! Au contraire, il y a dans cette voiture deux très jolies femmes !

LE DÉPUTÉ. — Oh ! mais, madame, c'est ce qu'il y a de mieux ! Ça ne va pas durer comme ça !

Dans une victoria verte très bien attelée, LA PRÉFÈTE. — A côté d'elle, LA PETITE BARONNE.

LA BARONNE. — Comme elle est jolie, la nièce du marquis !

LA PRÉFÈTE. — Oui, et si mignonne, si rose, elle a l'air d'avoir quinze ans !

LA BARONNE. — Dame ! elle en a dix-sept !

LA PRÉFÈTE. — Ah ! je pensais bien qu'elle n'avait pas plus de seize ou dix-sept ans !

LA BARONNE. — Mais, qui dit le contraire ?

LA PRÉFÈTE. — Mademoiselle de Capytalyse, qui dit avoir été aux Oiseaux avec elle, et affirme qu'elle a vingt-cinq ans... comme elle !

LA BARONNE. — Ajoutez les huit ans que mademoiselle de Capytalyse donne de trop à la petite comtesse, aux vingt-cinq ans qu'elle se donne... à elle-même, et vous serez dans le vrai !

LA PRÉFÈTE. — Ah bah ! Eh bien, dans ce cas, elle est bien conservée pour une vieille fille !

La baronne. — Vous savez, rien ne conserve mieux que le vinaigre et...

La préfète, *riant*. — Ça, c'est vrai, elle est aigre-douce!

La baronne. — La voici précisément qui passe avec sa mère et un officier de dragons. Ah! voilà mon mari et ma belle-sœur qui nous rejoignent. Je vous remercie de m'avoir emmenée avec vous, j'aurais été bien mal derrière dans le phaéton.

La préfète. — C'est moi qui suis contente de vous avoir! Si vous saviez combien je m'ennuie quand je suis toute seule à ces petites fêtes. Mon mari, qui n'a jamais le temps d'y venir, tient à ce que je paraisse quelquefois, et quand je n'ai ni vous, ni la marquise..., ce n'est pas drôle!

La baronne. — Ah! voilà les Hautcastel. Ont-ils le prince avec eux?

La préfète. — Je ne crois pas.

La baronne. — Comment, pas le moindre petit prince à sortir du landau avec le pâté et les bouteilles! Ah! mais c'est désolant; tout l'effet est raté. C'est une arrivée de déjeuner incolore, ça! Ils dérogent à toutes leurs traditions, les Hautcastel!

La préfète, *riant*. — Vous êtes méchante!

La baronne. — Méchante! moi! Oh! non! Mais tous ces gens-là s'occupent de moi avec tant de malveillance que, ma foi, quand je trouve l'occa-

sion d'en rire aussi un peu... Et puis, je regrette
qu'il ne soit pas là, le prince! il n'est pas ennuyeux du tout! gai, bon enfant, la parole facile...,
avant déjeuner surtout..., facile, pas royale, par
exemple! Ah! mais non! Ainsi, l'autre jour,
comme je riais beaucoup, il m'a dit que « j'avais
une bulle d'air dans mon siphon ».

LA PRÉFÈTE, *surprise*. — Qu'est-ce que cela veut
dire?

LA BARONNE. — Ah! voilà! Moi, qui suis mal
élevée, j'ai compris! Ça veut dire que j'ai, un
grain, un hanneton, que je suis un peu folle
enfin!

LA PRÉFÈTE. — Cette pauvre madame de Hautcastel! Elle a l'air triste toujours, ne trouvez-vous pas?

LA BARONNE. — Oui, c'est-à-dire, je trouve que
ces physionomies fades n'ont pas « d'air ».

LA PRÉFÈTE. — On dit que son mari la trompe
avec un sans-façon!...

LA BARONNE. — Il ne la trompe pas, puisqu'elle
le sait!

LA PRÉFÈTE. — Mais enfin, cela ne doit pas lui
faire plaisir...

LA BARONNE. — Si... presque! ça lui met au
front une auréole de martyre, elle offre tout ça à
Dieu; le public la plaint, et au fond ça lui est parfaitement égal, les fredaines d'Adolphe!

LA PRÉFÈTE. — M. de Hautcastel s'appelle
Adolphe; ça lui va, ce nom-là !

LA BARONNE. — Ah ! mon Dieu !

LA PRÉFÈTE. — Quoi donc ?

LA BARONNE. — Voyez-vous ce cheval alezan à
crins lavés qui vient à nous?

LA PRÉFÈTE. — Eh bien ?

LA BARONNE. — C'est M. de Cautoyant !

LA PRÉFÈTE. — Ah ! je le connais fort peu.

LA BARONNE. — Comment ! (*Déclamant sur le
ton d'un boniment de foire.*) M. de Cautoyant ! le
plus joli, le plus riche, le plus élégant de tous les
sénateurs à marier. Ce n'est plus un bouton de
rose, mesdames et mesdemoiselles, oh non ! Mais
quelle finesse, quelle adresse, et surtout quelle souplesse ! de l'intelligence? Non, mais mieux que
cela, *de l'acquis.* Ses opinions? — Orléaniste
par ses attaches et ses tendances, mais bonapartiste,
républicain ou radical, si le besoin s'en fait sentir.
En somme, *centre gauche* en tout, par tempérament, mais toujours prêt à se trouver au niveau
de la situation, à condition qu'elle ne monte pas
trop haut, la situation ! (*Reprenant le ton naturel.*)
Pour tout dire, c'est un monsieur faux, venimeux,
mais absolument correct et bien élevé... si on ne
creuse pas trop.

20.

LA PRÉFÈTE. — Il ne vous est pas sympathique, notre sénateur ?

LA BARONNE. — J'ai horreur des sots : rien ne m'irrite comme ces médiocrités malfaisantes et gonflées d'amour d'elles-mêmes, qui, sans avoir jamais rien su, rien appris et rien fait, se croient arrivées parce qu'elles sont parvenues à persuader à des imbéciles de les nommer quelque chose. Et vous, n'êtes-vous pas de mon avis ?

LA PRÉFÈTE. — Si, complètement ! et je suis presque toujours entourée de gens de cette espèce. (*Souriant.*) Que voulez-vous ? le « métier » a ses inconvénients, il en a même beaucoup... Ah ! voici M. de Cautoyant qui s'approche ; soyez sérieuse ; il faut que je sois polie, moi !

M. de Cautoyant, qui monte un cheval merveilleusement dressé, arrive au petit galop près de la victoria.

MONSIEUR DE CAUTOYANT. — Permettez-moi, mesdames, de vous saluer en passant ; quand on aperçoit d'aussi charmantes fleurs, il est impossible de résister à la tentation de les respirer un instant !

LA PRÉFÈTE. — . . . .

LA BARONNE, *agacée.* — Respirez ; ça m'est égal, il n'y a aucun danger.

MONSIEUR DE CAUTOYANT. — Comment se porte M. le Préfet, madame ?

LA PRÉFÈTE. — Très bien, je vous remercie.

MONSIEUR DE CAUTOYANT. — Il ne vous a pas accompagnée ?

LA PRÉFÈTE. — Il est à Paris.

MONSIEUR DE CAUTOYANT, *à la baronne*. — Et ce cher baron, est-ce qu'il n'est pas des nôtres ?

LA BARONNE. — Si, rassurez-vous, ce cher baron est là, avec sa sœur qui est arrivée hier; ils viennent de nous dépasser. En galopant un instant, vous les rattraperez. (*Silence prolongé.*)

LA PRÉFÈTE, *pour dire quelque chose*. — Vous montez un cheval qui semble admirablement dressé.

MONSIEUR DE CAUTOYANT. — Il commence à aller pas trop mal; c'est un poulain élevé chez moi et dont je viens de terminer l'éducation.

LA BARONNE. — Ça ! un poulain ! et dressé par vous ! Allons donc ! Vous oubliez que je suis là et que je connais vos talents... équestres, moi ! (*Riant.*) Ah ! ce pauvre M. de Cautoyant ! il se croit toujours au Sénat, qu'il en raconte de cette force-là, sans craindre que les impertinents comme moi le rappellent à l'ordre.

MONSIEUR DE CAUTOYANT, *très vexé*. — Mais je ne vois pas ce que...

LA BARONNE. — Mais je vois, moi, que ce prétendu poulain a quinze ans, pour être polie, et qu'il a

tout bêtement été dressé, très bien dressé, au manège,
« à la cravache. » Tenez... descendez... Je parie qu'il
fait bien mieux tout seul les mouvements qu'il
fait avec vous !... Ah ! descendez donc !... Vous le
gênez tant ce pauvre cheval !... Il ne comprend
pas tout l'honneur qu'il y a à être monté par vous.

La préfète, *qui cherche à changer la conversa-*
tion. — Quel est ce groupe de cavaliers qui arrive
là-bas ?

Monsieur de Cautoyant. — C'est le colonel de
Tulvert et ses filles.

La baronne. — Elles montent très bien à cheval et elles sont gentilles.

Monsieur de Cautoyant. — Je vais me joindre
à elles pour achever la route. (*Il salue.*)

La baronne, *criant en faisant un porte-voix de*
ses deux mains. — Prenez garde de vous compromettre, monsieur de Cautoyant, le colonel ne cache
pas ses opinions... et ce ne sont pas les vôtres ! Ce
ne sont même « aucunes » des vôtres !

La préfète. — Mais, laissez-le donc tranquille,
puisqu'il s'en va !

La baronne. — C'est vrai ! c'est gentil de sa part !

III

Le général de Belpoygne, commandant la division militaire.

Son officier d'ordonnance.

Le général. — Grand, fort, beau, très bien conservé. Monte un énorme cob gris de fer de huit à dix mille francs.

L'officier d'ordonnance. — Très jeune, blond, rose, joufflu. S'était fait une fête d'aller au déjeuner en breack avec de charmantes jeunes femmes, mais le général, qui a le diable au corps et qui veut maigrir, a décidé qu'on irait à cheval. Trotte péniblement sur un cheval oreillard pris dans le rang, le sien étant éreinté de la revue de la veille.

Le général. — C'est au diable, ce rendez-vous ! Est-ce que nous arrivons bientôt?

L'officier d'ordonnance. — Pas encore, mon général.

Le général. — J'ai une dent qui me fait affreusement souffrir... c'est à crier.

L'officier d'ordonnance. — Mon général, le grand air doit vous être très mauvais... comme cela, frappant sur la joue... si on avait pu éviter ce contact direct...

LE GÉNÉRAL, *agacé.* — Comment, ce contact direct? Qu'est-ce que vous voulez dire? Je ne pouvais pas monter avec une margoulette, n'est-ce pas?... Ce que vous dites n'a pas le sens commun !

L'OFFICIER D'ORDONNANCE. — Mais, mon général, je ne pensais pas à une margoulette ; je voulais dire seulement... que... je croyais... que la voiture eût été préférable pour vous. (*Voyant un mouvement du général*). Aujourd'hui, mon général, aujourd'hui seulement.

LE GÉNÉRAL. — Ah ! il y avait longtemps que ça vous démangeait, de parler de la voiture, n'est-ce pas? Vous aviez l'idée fixe de me faire aller en voiture ! vous aviez sans doute quelque bonne raison pour cela?

L'OFFICIER D'ORDONNANCE. — Mais, mon général, je vous assure... que... rien...

LE GÉNÉRAL. — Je ne vous demande pas vos histoires ! Moi, monsieur ; je constate seulement que vous êtes... tenace, et vous feriez beaucoup mieux d'appliquer cette ténacité à votre travail qui est faible... très faible !

L'OFFICIER D'ORDONNANCE. — Mon général, je suis désolé que... (*A part.*) Qui diable a pu lui dire que mon travail était faible, car ce n'est à coup sûr pas lui qui s'en est aperçu tout seul.

LE GÉNÉRAL. — Ne vous désolez pas, ça ne sert

à rien ; travaillez, c'est tout ce qu'on vous demande, et vous êtes à la solde de la France pour ça !

L'OFFICIER D'ORDONNANCE. — Mon général ! (*A part.*) (Oh la la ! la solde ! elle est faible... comme mon travail.) Souffrez-vous toujours autant, mon général ?

LE GÉNÉRAL. — Oui ! est-ce que j'enfle ?

L'OFFICIER D'ORDONNANCE, *regardant la joue du général qui est énorme.* — Pas le moins du monde, mon général.

LE GÉNÉRAL. — Ah ! tant mieux, il me semblait que c'était raide ! La marquise vient-elle à ce déjeuner, savez-vous ?

L'OFFICIER D'ORDONNANCE. — Sans doute, mon général. (*A part.*) Avec ça que s'il n'en était pas sûr, il se serait traîné ici à cheval ! Nous allons parader devant les dames ! Je dois être joli, moi, sur ce carcan-là ! pas moyen même d'approcher les jambes, il rue. (*Il envoie un coup de bâton sur les oreilles de son cheval.*)

LE GÉNÉRAL. — Est-ce que cette bête ne marche pas ? (*Regardant le cheval.*) Mais sacrebleu, où avez-vous déniché cet animal-là ? (*Il rit.*)

L'OFFICIER D'ORDONNANCE. — Mon général, c'est un cheval du 3ᵉ escadron ; ce matin, quand vous m'avez averti que je vous accompagnais, j'ai fait demander un cheval, au quartier ; ma jument n'é-

tait pas en état de faire une aussi longue course aujourd'hui ; on m'a envoyé celui-là, je l'ai pris.

LE GÉNÉRAL. — Il faut que le capitaine Boniface
soit fou, pour envoyer une bête pareille ; ah !
ces oreilles ! et cette queue, elle a l'air d'être atta-
chée sous la selle, cette queue ! Oh ! il est trop
drôle ! (*Il rit.*)

L'OFFICIER D'ORDONNANCE, *un peu vexé*. — Mon
Dieu ! vous êtes vraiment trop bon de vous occuper
autant de lui, mon général !

LE GÉNÉRAL. — Avec cela, il n'est pas pansé ce
cheval ; je vais en faire l'observation au colonel La
Baderne qui déjeune là-bas aussi. C'est dégoûtant
des chevaux sales comme ça dans un régiment.
C'est honteux !

L'OFFICIER D'ORDONNANCE. — Oui, mon général,
c'est bien vrai ! (*A part.*) Je ne suis pas fâché de ça ;
le colonel La Baderne aura aussi son petit paquet ;
il y en a assez pour tout le monde ce matin ! C'est la
dent ! Ah ! pauvre homme ! Sa joue grossit à vue
d'œil ; on dirait une courge !

IV

Dans un landau de louage : MADAME DE CAPYTALYSE.— MA-
DEMOISELLE DE CAPYTALYSE. — UN OFFICIER.

MADAME DE CAPYTALYSE a le salon le mieux fréquenté de la
ville. 48 ans. Grande, forte. A été extrêmement belle et
en garde les traces. A beaucoup profité de sa beauté ;
quelques-uns disent qu'elle s'en est même beaucoup
servie. Rigide et sévère. A abandonné forcément les
hommes et est réduite à déchirer les femmes.

MADEMOISELLE DE CAPYTALYSE. — 3o ans. Très jolie et l'air
très jeune, ce qui lui permet de poser pour l'ingénuité.
Plus méchante encore que sa mère.

L'OFFICIER. — 25 ans. Cherche à s'amuser, et trouve qu'il
a été rudement bête d'accompagner ces dames, car il s'ennuie royalement. Elles sont pourtant très aimables pour
lui. Il a cinquante mille livres de rente et un nom sonore !
c'est un parti qui conviendrait très bien à Marguerite.
Mais il n'est pas du tout là pour le bon motif, lui ;
Son père, qui a beaucoup connu madame de Capytalyse
autrefois, l'a prévenu à qui il avait affaire, et il se tient
sur ses gardes.

MADEMOISELLE DE CAPYTALYSE. — Je suis sûre,
maman, que nous n'avons pas apporté assez de
choses, il va y avoir un luxe énorme et...

MADAME DE CAPYTALYSE. — Laisse-moi donc tranquille, voilà la sixième fois que tu me parles de ça ! Qu'est-ce que ça me fait à moi, que toutes ces poseuses apportent plus que nous ? Nous avons un pâté de foie gras, un dindon à la gelée et des asperges, c'est bien suffisant. (*A l'officier.*) N'est-ce pas ?

L'OFFICIER, *occupé à regarder la victoria de la préfète qui dépasse le landau.* — Certainement, madame, certainement.

MADAME DE CAPYTALYSE. — Qu'est-ce que vous regardez donc ?

L'OFFICIER. — Je regarde ces dames ; c'est joliment attelé, la voiture du préfet !

MADEMOISELLE DE CAPITALYSE. — En effet, la voiture est mieux que les propriétaires.

L'OFFICIER. — Je n'ai jamais vu le préfet, mais j'ai eu l'honneur d'être présenté l'autre jour à sa femme, et elle est charmante !

MADAME DE CAPYTALYSE. — Vous la trouvez jolie, cette femme maigre, rousse, fade ?

MADEMOISELLE DE CAPYTALYSE. — Et qui ne sait pas s'habiller.

L'OFFICIER, *agacé.* — Permettez, elle est mince, rousse et blanche, mais elle n'est ni maigre ni fade, et moi je la trouve fort bien mise ; elle a toujours des toilettes de bon goût, et tout le monde ne peut pas en dire autant.

MADEMOISELLE DE CAPYTALYSE. — Pour moi, elle se met mal, et la plus belle femme du monde mal habillée ne vaut pas une femme laide qui sait se faire valoir.

L'OFFICIER. — Moi, mademoiselle, je préfère un perdreau sur un plat de faïence à un pigeon sur un plat d'argent !

MADAME DE CAPYTALYSE. — Et quelle tenue elles ont, ces deux femmes !

L'OFFICIER. — Comment, quelle tenue ?

MADAME DE CAPYTALYSE. — Eh oui ! ces manières avec les hommes !...

L'OFFICIER. — Mais, madame, la baronne a peut-être un peu de sans-gêne, une trop grande liberté d'allures ; mais, quant à la préfète, elle est plutôt trop réservée.

MADEMOISELLE DE CAPYTALYSE. — Avec vous, peut-être, mais avec d'autres ?

L'OFFICIER. — Qu'en savez-vous donc, mademoiselle ?

MADEMOISELLE DE CAPYTALYSE. — Rien du tout, mais une femme qui se lie avec la baronne ne peut pas être une femme honnête !

L'OFFICIER. — Peste ! Vous êtes sévère, mademoiselle !

MADAME DE CAPYTALYSE. — Et vous, bien indulgent ! Tout le monde sait que la baronne est très légère, ses aventures ne se comptent plus!

L'OFFICIER. — Il y a tant de femmes dans le même cas ! En admettant que ce soit vrai.

MADAME DE CAPYTALYSE. — Vous les défendez ?

L'OFFICIER. — Du moins, je ne les attaque pas ; il faut, comme vous, madame, être inattaquable pour ainsi frapper sur les autres sans miséricorde ! (*Silence prolongé.*)

MADAME DE CAPYTALYSE, *mielleusement.* — Il ne faut pas nous en vouloir, à Marguerite et à moi, monsieur, si nous avons trop nettement exprimé notre opinion sur la baronne ; nous sommes des femmes « de province » et nous ignorons absolument toutes les... libertés autorisées par l'existence de Paris ; ayant toujours mené une vie austère et souvent ennuyeuse, il faut nous pardonner de penser que les autres devraient faire comme nous. D'ailleurs, je vous assure que je ne savais pas que vous étiez amoureux de la baronne, et que, si je l'eusse su, je...

L'OFFICIER, *très brutalement.* — Je ne connais pas la baronne, madame! Ah ! à propos! j'ai reçu ce matin des nouvelles de mon père auquel j'avais écrit que votre maison était une de celles où on avait la bonté de m'accueillir. Il me charge de le rappeler à votre bienveillant souvenir.

Madame de Capytalyse, *visiblement contrariée.*
— Votre père?... Mais, je ne me rappelle pas...

L'officier. — Comment! vous ne vous rappelez
pas mon père... qui était colonel à Angers en 1860?
Eh bien, madame, je vous assure que, lui, se sou-
vient admirablement de vous et en a conservé...

Madame de Capytalyse, *très vivement.* — Ah!
parfaitement! Quand vous écrirez à votre père,
dites-lui bien que, moi aussi, j'ai gardé de lui un
excellent souvenir. Quand vous m'avez dit cela...
tout à l'heure..., dans le premier moment... je ne
savais pas qui...

L'officier. — Mais c'est tout naturel, madame,
quand on a toujours été aussi entourée que vous et
qu'on a... reçu autant de monde, il est impossible
qu'on se...

Mademoiselle de Capytalyse. — Comme cette
côte est raide!

L'officier. — Oh oui! Je vais la monter à pied,
ça me dégourdira les jambes, et cela soulagera un
peu ces malheureux chevaux! (*Il saute à terre et
prend le sentier qui longe la route.*)

' Madame de Capytalyse. — Il n'y a rien à faire
avec ce garçon-là, il ne t'épousera jamais!

Mademoiselle de Capytalyse. — Je le pense bien!

Madame de Capytalyse. — Vois-tu, nous aurions
mieux fait d'emmener le sous-préfet!

MADEMOISELLE DE CAPYTALYSE. — Lequel ?

MADAME DE CAPYTALYSE. — Celui qui aime à compromettre, parbleu ! l'autre ne nous a même pas fait de visite. Tu vas être très aimable pour M. de Valcreux, à déjeuner ; tu tâcheras d'aller ensuite te promener un instant avec lui. Ou je me trompe fort, ou ça réussira !

MADEMOISELLE DE CAPYTALYSE. — Je croyais que M. de Valcreux compromettait, mais n'épousait pas.

MADAME DE CAPYTALYSE. — Il n'épouse pas quand il n'y a pas de dot, mais tu as trois cent mille francs, toi !

MADEMOISELLE DE CAPYTALYSE. — Mais il ne me plaît pas du tout, ce sous-préfet ! Il est très mal !

MADAME DE CAPYTALYSE. — Bah ! quel malheur ! Si tu crois que tu choisiras ce que tu veux !... D'ailleurs, tu es affreuse aujourd'hui. Tâche d'épouser ce nigaud-là, va, crois-moi !

MADEMOISELLE DE CAPYTALYSE, *piquée*. — Il est vrai, que, ensuite, je pourrai en choisir d'autres !... Il n'y a que le mari de difficile à trouver, après, ça va tout seul !

MADAME DE CAPYTALYSE, *avec dignité*. — Marguerite !!!

MADEMOISELLE DE CAPYTALYSE. — Oh ! ne fais donc pas de manières ! ça ne prend plus avec moi, tu sais.

MADAME DE CAPYTALYSE. — Tais-toi, le voici qui remonte. (*L'officier reprend sa place dans la voiture.*)

MADEMOISELLE DE CAPYTALYSE. — Eh bien, vous avez été causer avec la marquise et sa nièce?

L'OFFICIER. — Oui, mademoiselle.

MADAME DE CAPYTALYSE. — Quelle drôle d'idée a le marquis d'emmener cet affreux radical dans sa voiture !

L'OFFICIER. — Quel affreux radical ?

MADEMOISELLE DE CAPYTALYSE. — Le député ! Le marquis veut se populariser dans le pays, c'est clair.

L'OFFICIER. — Mais, mademoiselle, ce député (de la gauche, il est vrai) est un ami du marquis, ensuite il est fort gentil, et le marquis et sa femme apprécient plutôt la personne de leurs invités que leur situation dans le monde; ils ne sont pas à marier « eux », et dame, ils ne sont nullement obligés d'épouser les idées de leur ami !

V

Dans une charrette anglaise, deux petits jeunes gens, dix-neuf et vingt ans. Costumes étranges, couleurs et formes extravagantes. Chapeaux, cravates et bottines assorties de même nuance.

ARTHUR. — Dis donc, Anatole, nous allons rire un peu, hein?

ANATOLE. — Espérons-le, ô mon Dieu! car on ne s'amuse pas souvent ici, mon pauvre vieux!

ARTHUR. — Trouves-tu le frontail de Gilda joli? c'est ma sœur qui l'a fait ce matin.

ANATOLE. — Très joli! Pourquoi n'est-elle pas venue ta sœur?

ARTHUR. — Maman n'a pas voulu, papa non plus, papa surtout; il dit que Jeanne est trop jeune pour se trouver avec ces dames!

ANATOLE. — Il n'a peut-être pas tort, ton auteur! Il paraît que ce sont de rudes farceuses, va, ces dames! (*Il lui parle bas.*)

ARTHUR. — Ah bah! tant que ça!

ANATOLE. — Ma parole. Ainsi, tu vois que si nous ne sommes pas des serins, nous...

ARTHUR. — Oh ! crois-tu ?

ANATOLE. — J'en suis sûr.

ARTHUR. — Il est vrai que madame de Capytalyse est une femme universelle... paraît-il.

ANATOLE. — Ah oui ! il n'y aurait pas grand mérite, quoiqu'elle soit encore superbe. Vois-tu, Arthur, les jeunes femmes ne valent pas les femmes faites !

ARTHUR. — Tu pourrais même dire défaites !

ANATOLE. — Blague tant que tu voudras, elle est capiteuse cette femme-là !!

ARTHUR. — Possible ! Il y a des vins capiteux à trente sous la bouteille ; ils ne sont pas plus recherchés pour ça !

ANATOLE. — Tu ne sais ce que tu dis ; tu n'as aucune expérience !

ARTHUR. — Ah bah ! Parce que j'ai un an de moins que toi, tu dis ça ?

ANATOLE. — Eh non ! ce n'est pas l'âge, c'est l'éducation qui fait tout, mon cher, et toi, tu es tenu par ta famille d'une façon absurde, ridicule!

ARTHUR. — Tu sais que Joseph ne perd pas un mot de ce que tu dis, et s'il raconte à papa la façon este dont tu qualifies son mode d'éducation, on ne me laissera plus t'emmener.

ANATOLE. — Moi, je vais serrer de près madame de Capytalyse !

ARTHUR. — Elle se laissera faire, va ! L'autre jour, au bal de la Préfecture, c'est curieux tout ce que j'ai entendu sur elle !

ANATOLE. — Raconte-moi ça !

ARTHUR. — Je ne dansais pas beaucoup et j'étais contre la porte du grand salon. Elle était en face, assise sur un divan qu'elle couvrait presque de sa vaste personne, et remplissait, à la faire craquer, une robe rouge et or. Pour dire la vérité, elle était superbe, comme tu dis. Si elle eût représenté la République, ou l'Alsace, ou ce que tu voudras, elle aurait eu un vrai succès. Entre le général de Belpoygne, qui s'arrête près de moi et se fait nommer quelques personnes par un respectable magistrat qui est un ami de papa.

« Quelle est cette belle femme en rouge ? — C'est madame Capytalyse. — Ah bah ! Vraiment ? Est-ce que c'est celle dont le mari était à Angers en 1855 ? — Précisément. — Vous la connaissez, général ? — Moi, non, mais un de mes amis l'a *beaucoup* connue à cette époque. — A Angers ? — Oui, à Angers ? — Et en 55 ? — En 55, ça a commencé ? — Et ça a fini ? — En 57 ou 58, je crois, mais, sapristi, vous me faites subir là un interrogatoire ? En quoi cela vous intéresse-t-il donc tant ? — Ma

foi, général, voilà ! C'est que, moi aussi, j'ai été...
pris en 55 et quitté en 58, et ça m'a coûté très
cher ; si j'avais su que nous étions deux... — Vous
pouvez même dire quatre, parce que, en même
temps que mon ami, il y avait un petit avocat de
vingt-cinq ans, et... l'ordonnance dudit ami, qui
était alors capitaine. L'avocat a acheté une étude
d'avoué assez cher et l'ordonnance, quand il a eu
fini son temps, s'est établi « patron » d'un café, qu'il
n'a sûrement pas acheté sur ses économies. — »

Et ils ont continué à causer comme cela pendant
une heure.

ANATOLE. — Vois-tu? c'est une fière gaillarde
tout de même.

ARTHUR. — Moi, ça me dégoute un peu, ces his-
toires-là.

ANATOLE. — Tu ne seras jamais débrouillard,
toi ! Dis-moi, ma cravate est-elle bien nouée? nous
arrivons, je crois.

ARTHUR. — A merveille; d'ailleurs, elle ne doit
pas y regarder de très près, il est probable que l'ordonnance...

ANATOLE. — Laisse-moi donc tranquille!...

FIN

TABLE

IMPRIMERIE D. BARDIN ET Cie A SAINT-GERMAIN —